JN298697

異年齢保育の実践と計画

林若子・山本理絵編著

ひとなる書房

Prologue はじめに

　本書は、主に、これから異年齢保育に取り組もうとしている方や近年取り組み始めた保育者のみなさんに読んでいただこうと企画しました。扱うのは、主に、保育園でのいわゆる「たてわり保育」です。

　異年齢保育に取り組んでいる保育者たちは、その"よさ"を実感をこめて語ってくれます。「この保育に出会えたしあわせを感じる！」と表現する人もいます。異年齢保育の実践報告を聞いて、「発達観、子ども観が揺さぶられた」という感想を寄せたベテラン保育者もいます。しかし、なんといっても今の保育の主流は年齢別クラスでの保育ですから、異年齢保育のイメージを描くのはなかなか難しいことです。従来の保育でみられるのとは異なる子どもたちの姿や育ちが想像しにくいという面もあるように思います。本書で、子どもの"再発見"をするところから異年齢保育を捉えてみてはいかがでしょう。同年齢の仲間がいることの大切さも、今までとは違う視点から再発見できるのではないかと思います。

　そもそも、異年齢保育とはどんな保育なのでしょう？　本書のⅠ部第1章では、まず広い意味での異年齢保育をいくつかの角度から整理しています。年齢の幅がある乳幼児集団を保育する場合、たとえ最低基準をクリアしていても非常に困難な保育条件になりかねない面をもっていますし、集団の構成や生活の仕方等さまざまで、一括りにして語るわけにはいかないからです。それを踏まえたうえで、近年、異年齢保育に積極的に取り組む園が増えてきたのはなぜなのか、社会的な背景や今日の保育課題と関連させながら明らかにしています。

　第2章「異年齢保育の魅力」では、実践を通して明らかになってきた異年齢保育ならではの、子どもたち同士の多様なかかわりとそこでの育ちあいを、具体的な子どもたちの姿をあげながら整理しました。それは、よく言われる「年上の子が年下の子をお世話し、より幼い子は年上の子にあこがれる」というような一方向の単純なものではありません。多様な関係を

結びながら子どもたちにどのような力が育っていくのでしょうか？　保育者は、異年齢保育を通してどのような子どもたちに育ってほしいと願っているのでしょうか？　このことを考えることによって、保育において何を大事にするのかという保育観や保育目標を問い直してみたいと思います。

　Ⅱ部は、5つの保育園の実践報告です。1歳児からの異年齢集団での実践、夜間保育園、小規模園における他園との交流など多彩です。それぞれのテーマに沿った内容だけでなく、Ⅲ部掲載のたんぽぽ保育園を含めて、異年齢保育に取り組むに至った経緯や実施当初の戸惑い、試行錯誤も書いていただきました。異年齢保育という未知の世界に踏み込んだ保育者の思考過程や気づきは共通している部分が多く、それだけに説得力があると考えています。実践園は、いずれも編著者および宮里六郎さんがかかわってきた保育園で、報告の末尾にコメントをつけています。

　Ⅲ部「保育計画をつくる」は、もっとも実施園が多いと思われる3歳から5歳児の異年齢クラスを中心に取り上げています。「保育所保育指針」告示化により、保育計画の作成について画一化する動向や混乱がみられます。ここでは、「指針」が提示した「保育課程」および「指導計画」編成の考え方の基本を押さえたうえで、異年齢保育実践園で保育計画を編成する観点を明示しています。第Ⅱ部にもいくつか「保育課程・指導計画」を掲載していますから、併せて参考にしてください。

　なお、私たち編著者は、全国保育団体合同研究集会（保育合研）の「子どもの生活と異年齢保育」分科会の世話人を務めています。また、宮里六郎さんは、小規模園での異年齢保育実践が提案されてきた分科会で長年世話人をなさっています。そうした場での全国的な実践交流と本書で行っているような総括・理論化が積み重なっていって、異年齢保育の実践と理論が、さらなる深まりと広がりをもってすすんでいくことを願っています。

　　　　2010年7月　　　　　　　　　　　　　　　　　編者　林若子

Contents もくじ 異年齢保育の実践と計画

はじめに 2

I部 異年齢保育をすすめるにあたって 11

第1章 ●異年齢保育ってなんだろう？ 12

1 異年齢保育の形態 12
 （1）異年齢保育に関する用語の整理 12
 （2）最低基準と異年齢保育 14
 （3）異年齢集団の編成パターン 15
 （4）異年齢保育の生活と環境 16

2 なぜいま異年齢保育か 17
 （1）意識的につくらなければ異年齢児とのかかわりが存在しない 17
 （2）「子育て困難」の時代に、子どもを育む生活をつくる 19
 （3）同年齢集団の特質 20

3 今日の保育課題と異年齢保育 21
 （1）子どもの学びと育ち 21
 （2）乳幼児に適した保育環境とは 23
 （3）一人ひとりを大切にする保育とは 24

第2章 ●異年齢保育の魅力 26

1 異年齢での生活とあそび 26
 （1）生活を共にする中でお互いを知りあう 26
 （2）多様な参加のしかたの保障と学びあい、楽しいあそびの持続 27
 （3）長期的な見通しをもってゆったりと子どもを見る 30

2 多様な人とのかかわり 31

（1）甘え―甘えられ、頼りにされる関係　31
　　　（2）憧れ―憧れられ、認めあう関係　34
　　　（3）教えてほしい―教えてあげる関係　34
　　　（4）要求しあい、鍛えられ、励まされる関係　35
　3　自己肯定感を育てることを重視する保育観・保育目標　36
　　　（1）安心して自分が出せる　36
　　　（2）異質性・多様性を受容し共感する力　38
　　　（3）自信・自己肯定感　40

Ⅱ部　各地の異年齢保育の実践に学ぶ　45

第3章● 1歳児からの異年齢保育に取り組んで
　　　　　　　　　　　　　きたの保育園　46

　1　「主活動は年齢別」から「異年齢での暮らし」に至るまで　47
　　　（1）主活動は年齢別に（1～2年目）　47
　　　（2）1、2歳児は「おうち」で（3年目）　47
　　　（3）3、4、5歳児の保育を見直す（4年目）　48
　　　（4）7年目を迎えて　48
　　　（5）5歳児独自の活動　49
　　　（6）おうちでの生活を基盤にした年間の取り組み　49
　　　（7）少人数の異年齢グループをつくって　50
　　　（8）食事を大切にして　50
　2　共に育ちあう子どもたち　51
　　　（1）大きい子をまねて、見習って　51
　　　（2）小さい子に寄り添う、大きい子　52
　　　（3）少し大きい子のがまん、思いやり　53
　　　（4）見守ることもできる　53
　　　（5）小さい子がいてくれる喜び　54
　　　（6）家族の様に　54
　　　（7）大きい子の存在は力強い　55
　　　（8）人の役に立つ喜び　55

（9）異年齢でのあそびの広がり　56
　　　（10）人としての喜びがいっぱいの異年齢での生活　57
　　3　子どもたちに学びながら〜新人保育士の手記　58
　　　●きたの保育園実践報告へのコメント　60

第4章●異年齢でのごっこあそびの発展　かわらまち夜間保育園　62

　　1　3、4、5歳の異年齢保育に移行するまで　62
　　2　3〜5歳の異年齢保育の試行錯誤　63
　　　（1）1年目の保育　63
　　　（2）2年目の保育―異年齢2グループに分ける　64
　　　（3）3年目の保育―2クラスに分ける　64
　　3　みんなが楽しめ絆を深めるお店屋さんごっこの取り組み　65
　　　（1）やりたいお店を選んで　65
　　　（2）異年齢の生活グループ（チーム）で取り組む　67
　　4　異年齢での話しあいを通してのお店屋さんごっこ　69
　　　（1）4年目の保育の体制　69
　　　（2）異年齢グループ（チーム）での話しあい　69
　　　●かわらまち夜間保育園実践報告へのコメント　78

第5章●未知の世界へはじめの一歩、親も子も
　　　〜2歳児クラスから異年齢クラスへの移行を中心に〜　ひまわり保育園　80

　　1　3年間の異年齢保育を振り返って　80
　　　（1）世話されるより自分でしたい3歳児　81
　　　（2）年齢の差を意識してしまう保育者と異年齢で同じ活動を楽しむ子どもたち　82
　　　（3）本音を言えて、受け止められる話しあい　83
　　　（4）無理せず気負わない異年齢保育に　84
　　2　2歳児クラスから異年齢クラスへの移行期について　85
　　　（1）移行期実践にとり組むにあたって　85
　　　（2）異年齢クラスへの移行期の実践　86

　　　　（3）移行期実践の意義　91
　　3　保護者にとっての移行期　92
　　　　（1）移行期の保護者の不安と対応　92
　　　　（2）進級に向けてのクラス懇談会（1月）　93
　　　　（3）異年齢クラスに我が子を託して　94
　　　　●ひまわり保育園実践報告へのコメント　96

第6章●心地よい関係のなかで育ちあう　あいかわ保育園　98
―5歳児の自信と誇り―

　　1　異年齢保育3年目の子どもたちと落ち着ける環境づくり　99
　　　　（1）5歳児（くりぐみ）の子どもたち　99
　　　　（2）落ち着ける環境をつくる　100
　　2　頼りにされ、慕われるうれしさ　102
　　　　（1）つばめグループ―りゅうじ君（5歳）の姿から　102
　　　　（2）とんぼグループ―しんじ君（5歳）の姿から　103
　　3　グループでのかかわりを広げていくために　104
　　　　（1）プール活動の取り組み方を変えて　104
　　　　（2）友だちのがんばりにも目を向け、苦手なことへも挑戦　105
　　4　仲間のなかで認められて　106
　　　　（1）運動会の取り組み方を見直す　106
　　　　（2）異年齢のなかで認めあい、応援しあいながら　106
　　　　（3）運動会後、異年齢で教えあい、伝えあう　110
　　　　●あいかわ保育園実践報告へのコメント　113

第7章●「離れてたって仲間なんだ！」　ぽっぽ保育園　116
～小規模保育所における異年齢・交流保育～

　　1　交流保育　117
　　　　（1）年間の交流内容　117
　　　　（2）保育者同士の連携　121
　　2　ライバルだけど仲間なんだ　122

　　　　（1）交流保育を年間通してやっていこう　122
　　　　（2）実践のねらい　122
　　　　（3）互いの集団から刺激を受けて　124
　　　　（4）劇を一緒につくる仲間へ　125
　　　　（5）同じ仲間としてのライバル意識が芽生えて　125
　　　　（6）もっと育ちあえる仲間へ　126
　　3　たった一人の年長さん　126
　　　　（1）お泊り保育　127
　　　　（2）ユウホウ君が教えてくれた竹馬　127
　　　　（3）「ぼく、シンタしてもいいよ！」　128
　　　　（4）一人で通った菊陽　128
　　4　大変だけど……やっぱり楽しい交流保育！　129
　　　　●ぽっぽ保育園実践報告へのコメント　132

Ⅲ部　保育計画をつくる　135

第8章●異年齢クラスの保育計画　136

　　1　保育課程と指導計画　136
　　　　（1）クラス編成と集団全体の発展　136
　　　　（2）保育目標に向かって　136
　　　　（3）子どもたちの要求をもとに　137
　　　　（4）環境構成　138
　　2　異年齢の活動と同年齢の活動　140
　　　　（1）生活　140
　　　　（2）あそび・課業　140
　　　　（3）5歳児の活動　143
　　　　（4）保育者間の分担と連携　144
　　　　（5）保護者との連携　145
　　3　年間の保育課程・指導計画を作成するにあたって　145
　　　　（1）Ⅰ期（4、5月）の配慮と課題　146
　　　　（2）Ⅱ期（6〜8月）の配慮と課題　150
　　　　（3）Ⅲ期（9〜12月）の配慮と課題　153

（4）Ⅳ期（1～3月）の配慮と課題　155

第9章 ●年間を見通した取り組みと各年齢の姿
たんぽぽ保育園　158

1　年齢別保育をしてくるなかで感じた困難さ　158
　（1）みんなで食べるってどういうこと　158
　（2）1歳児と散歩に行ってみて　158
　（3）全職員で子どものやりたいことを実現させる　159

2　異年齢保育スタート　160
　（1）ひとつの保育形態として　160
　（2）保護者の不安　160
　（3）うみとやまのお部屋に分かれて　161
　（4）生活は異年齢で課業は年齢別で　161

3　Ⅰ期（4・5月）「一緒だけど別！」の楽しい取り組みを大切に　162
　（1）一人ひとりがより見える異年齢の生活　162
　（2）空っぽの弁当箱　164
　（3）憧れられ力をつけていく5歳児　164

4　Ⅱ期（6・7・8月）　お部屋の取り組みを基本に年齢を意識する　170
　（1）各年齢の誇りを育てるキャンプ　170
　（2）伝授式　171

5　Ⅲ期（9・10・11・12月）異年齢の取り組みが充実しお部屋の団結が深まる　171
　（1）運動会は「綱引き」　171
　（2）子ども祭りは力を合わせるグループで　173
　（3）みんなで楽しく遊ぶ工夫　174

6　Ⅳ期（1・2・3月）年齢別活動が増えていく　175
　（1）5歳児の劇づくりとお引越し会　175
　（2）4歳児に進級の期待を持たせる取り組み　175

　おわりに　178

Ⅰ部

異年齢保育を
すすめるにあたって

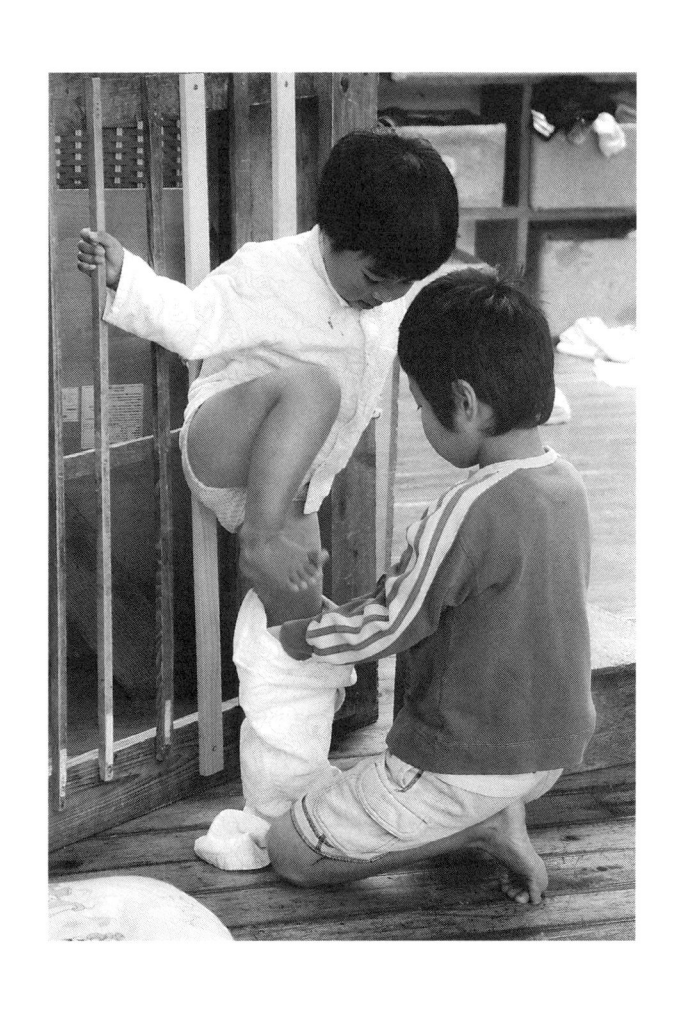

第1章 異年齢保育ってなんだろう？

1 異年齢保育の形態

　保育の形態および乳幼児集団の編成のしかたを大別すると、同学年の集団による「同年齢保育」と2学年以上の年齢幅がある集団を対象として保育する「異年齢保育」のふたつに分けることができます。しかし、異年齢保育の形態は一様ではなく、実にさまざまです。それらを整理しながら、今日の異年齢保育を概観します。

① 異年齢保育に関する用語の整理

　はじめに、異年齢保育にかかわるさまざまな用語を簡単に整理しておきましょう。

条件的異年齢保育と理念的異年齢保育
　子どもの数が少ないなどの条件から、いたしかたなく異年齢集団で保育せざるをえない状態が、保育時間の一部ではなく大半を占め、同年齢でクラス編成をしていない場合を「条件的異年齢保育」と名付けておきます。
　これに対して、同年齢集団でクラスを編成できる条件があるにもかかわらず、わざわざ異年齢でクラス編成をする園があります。保育についての考え方、保育理念によってそうしているという意味で「理念的異年齢保育」と呼び、前者とは区別してきています。[1]

たてわり保育
　クラスを年齢別（よこわり）ではなく、いくつかの年齢にわたる集団を

縦に割って編成する、あるいは、一定の時間帯を異年齢のグループで過ごすように設定する際に使われています。複数の異年齢集団がある状態で、わざわざそういう編成をするという意味では「理念的」です。

近年、「異年齢保育」と言った場合には、この「たてわり保育」を指すことが多いようです。

本書で取り上げる実践は、基礎集団をたてわりにしている園と小規模園での異年齢保育です。

混合保育、合同保育

いくつかの年齢にわたる乳幼児をひとつの集団として保育する際に使われます。年齢別に保育する集団規模に満たない人数である等、いたしかたなくという「条件的」な要素が大きいと言えます。

基本的な集団は同年齢であっても、朝夕の時間、土曜日等、「混合保育」「合同保育」を行うのが一般的でしょう。

異年齢交流保育

保育の基礎集団は同年齢で編成されている園で、異年齢間のかかわりを意識的につくる取り組みです。散歩の際に、小さい子の手を引いて行く、午睡の際に小さい子の布団を敷いて、寝付くようにトントンしてあげる「トントン当番」、3歳から5歳のグループで昼食をとる、定期的に「たてわり保育の日」を設けるというような形が見られます。

一日の保育時間の内、まったく異年齢で過ごす時間がないという園はほとんどないでしょう。自由あそびの場面では、自然と異年齢のかかわりが出てきます。ある小規模園では、「年齢別に保育しています」と言われるのですが、午前の設定保育の時間以外はクラスの枠を超えて活動する場面が多く、異年齢集団での保育が保育時間のそうとう部分を占めているように見受けられます。つまり、年齢別のクラス編成にして、とりたてて異年齢の取り組みをしていなくても、実態としては、異年齢保育が大多数の園に存在し、その割合が大きい場合もあるわけです。

② 最低基準と異年齢保育

　異年齢保育にせざるをえない条件が起こる理由はさまざまですが、少子化による入所児の減少だけでなく、入所児童の年齢構成の変化、およびそれに対応しない保育士配置基準も大きな要因になっています。

　現在の保育士配置基準は、クラス定員ではなく子どもの人数に対する保育士の数を示していますが、事実上、同年齢多人数集団での保育を前提としていると言えます。4歳、5歳は30人クラスで保育士1名、3歳児は20人クラスを1名で担当するという構図です。

　しかし、昨今保育所入所児のうち3歳未満児の割合が増えています。3歳未満児の入所が抑えられていたころの保育所の年齢構成は、逆ピラミッド型でしたが、近年は、1歳から5歳まで各年齢の人数がほとんど同じという状況が広がっています。そのため、80名〜90名の保育所ならば、3歳以上児が各16〜18名となります。集団規模としては妥当だとしても、民間保育所であれば、運営費の基本は、4歳以上30：1、3歳20：1という配置基準に則った額ですから、年齢別のクラス編成は難しいのです。たとえば、ある保育所は、60名定員で全体としては定員を満たしているのですが、4歳、5歳に各1名の保育士を配置するのは難しく、20名の合同保育（担任1名）にせざるをえないのです。公立でも配置基準通りにしか配置されないのであれば同様です。

■逆ピラミッド型から寸胴型へ

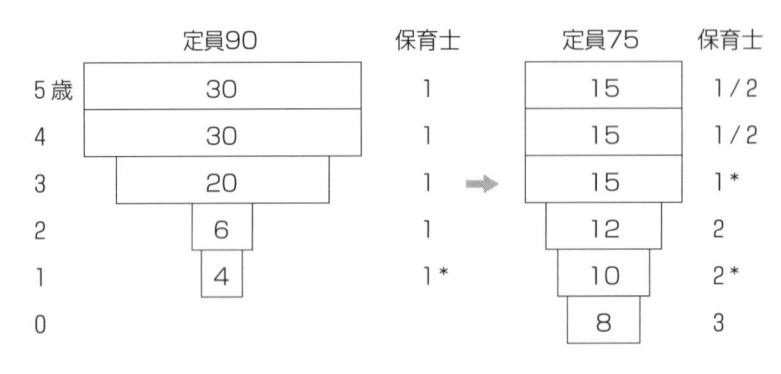

	定員90	保育士		定員75	保育士
5歳	30	1	→	15	1/2
4	30	1		15	1/2
3	20	1		15	1*
2	6	1		12	2
1	4	1*		10	2*
0				8	3

*印は、配置基準以上

さらに、低年齢児の増加に対応した環境整備がなされていない場合、保育に困難が生じ、安全の確保もままならない状況もあります。保育室が足りず、一部屋に０歳から２歳まで２６人が居るなかで、床に寝かされていた４ヵ月児が死亡したという事件が、認可保育所で起きています。たとえ最低基準を満たしていても、限られた空間で、長時間、少数の保育者が多数の異年齢児を保育しなければならないならば、それは改善を要する「合同保育」「混合保育」でしょう。

③ 異年齢集団の編成パターン

園の子どもの数が同じ場合でも、異年齢集団の編成のしかたは幾通りもあります。仮に75名定員（０歳8人、１歳10人、２歳12人、３、４，５歳各15人）の保育所を設定して、ほぼ基準通りに保育士を配置すると、０歳児クラスを別として、４歳児、５歳児併せて１人、３歳児１人、２歳児２人、１歳児２人、合計６人となります。この園で、異年齢集団を編成する場合には、以下のような年齢構成のパターンが考えられます。

■クラス・グループの編成パターン

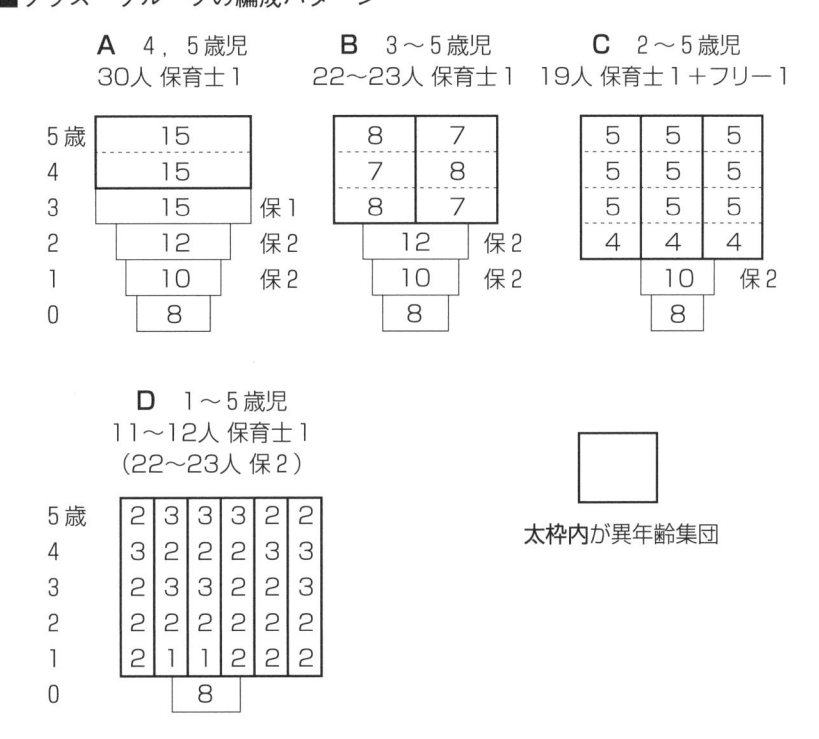

A　４，５歳児　30人 保育士１

5歳	15
4	15
3	15	保１
2	12	保２
1	10	保２
0	8

B　3～5歳児　22～23人 保育士１

5歳	8	7
4	7	8
3	8	7
2	12	保２
1	10	保２
0	8

C　2～5歳児　19人 保育士１＋フリー１

5歳	5	5	5
4	5	5	5
3	5	5	5
2	4	4	4
1	10			保２
0	8

D　1～5歳児　11～12人 保育士１（22～23人 保２）

5歳	2	3	3	3	2	2
4	3	2	2	2	3	3
3	2	3	3	2	3	3
2	2	2	2	2	2	2
1	2	1	1	2	2	2
0			8

太枠内が異年齢集団

いずれのパターンにおいても、最低基準並みの保育士配置では充分ではなく、実際にはこれより多い保育士数で保育している園が多いと思われます。そうであっても、Ａパターンの４、５歳児30人で１クラスというのは、たんなる「合同保育」で、前述した（12頁）「たてわり保育」にはなっていません。本書で「異年齢保育」という場合は、Ｂ〜Ｄのような年齢構成の集団が園生活の基礎集団になっている実践を指します。

④ 異年齢保育の生活と環境

　異年齢集団を基礎集団にするということは、生活の拠点となる場に年齢の異なる子どもたちが居るということであり、年齢幅のある子どもたちによって暮らしが営まれるということです。わざわざ異年齢保育を選択する園では、その場を、「おうち」とか「へや」と呼ぶ園もあります。そこに、家族・きょうだいのような親密なかかわりがあり、ゆったりとしたくつろぎもある暮らしをつくるという指向性が表れています。そうした暮らしのなかで、遠出をしていた年長児が「ただいま！」と帰り、年少の子たちが「おかえり！」とすがるように迎える姿が見られたりもします。

　ただし、当然のことながら、保育の場は、"住まい"の機能だけでなく、充分なあそびを展開できる場でなければなりませんし、子どもたちそれぞれの要求や必要に応じた諸活動を保障しなければなりません。とくに、年長児については、同年齢集団での活動を意図して組む園が多いようです。

　年齢幅がある子ども集団にどのような生活とあそびの展開を保障するのかという構想の下に、それにふさわしい園舎や保育室が作られている園もありますが、多くの園は、既存の限定された条件のなかで、さまざまな工夫を凝らしています。３歳から５歳の２つの集団が２つの部屋をそれぞれ生活拠点としながら、その部屋だけで遊ぶのではなく、部屋ごとに別種の遊具が置いてあり、自由に行き来している場合もあります（具体的には、Ⅱ部およびⅢ部を参照してください）。

2 なぜいま異年齢保育か

　保育条件に規定されて取り組むことになった異年齢保育（条件的異年齢保育）であっても、それを肯定的に受け止める傾向や、「わざわざ異年齢保育」（理念的異年齢保育）が広がっているのはなぜでしょうか。それを明らかにすることは、なぜ異年齢保育を実践するのか、という問いかけでもあります。高度成長期以降大きく変わっていった社会のなかで、実践者たちが気づき、発展させてきた経緯をたどってみましょう。

① 意識的につくらなければ異年齢児とのかかわりが存在しない

　参考文書として、「保育所保育指針」における異年齢保育の扱い方がどう変化してきたかをみてみましょう。1965（昭和40）年に出された「保育所保育指針」には、「異年齢保育」という語句はみえません。むしろ、次のように、同年齢集団での保育を「指導の基本方針」としています。

> ＜組の編成＞
> 　組はできるだけ同じもしくは近い年齢の子どもによって編成するよう努めること。やむをえず、異なる年齢の子どもによって編成する場合には、必要に応じて同じ年齢の子ども相互の活動ができるよう配慮すること……後略

　この時代は、大勢の子どもたちを少ない人数で保育しなければならない"困難な混合保育"が多く、それを解消して、年齢・発達に即した保育を実現することが現場の切なる願いであったといいます。それが、こうした表現につながっているのでしょう。
　ところが、1990（平成2）年に改訂された際には、異年齢での「組」やグループの編成を否定的に扱ってはいません。むしろ、「保育の内容」に異年齢の子どもとのかかわりが明記されました。たとえば、「異年齢の子どもに関心を持ち、かかわりを広げる（4歳児の「ねらい」）、「自分より年齢の低い子どもに愛情を持ち、いたわる」（6歳児「内容・人間関係」）等です。これ以降2回の改訂においても、異年齢保育に関する記述は基本的に変わっていません。

このように1965年と1990年では、まったく異なる方針が示されています。その要因としては、子どもと保育をめぐる状況の変貌が背景にあると考えられます。ひとつには、少子化ですが、それ以上に、この25年間に変わったのは、保育所や幼稚園に通う乳幼児の割合です。就学前児童の通園率は60年代にはまだ2割程度で、大多数の乳幼児は、家庭および地域に居たのです。家庭内や近隣に異年齢集団が存在し、通園している子も家に帰れば、年上や年下の子どもたちと過ごす時間があり、保育所や幼稚園は同年齢の子ども集団で活動する場という位置づけでバランスがとれていたとも言えます。

　しかし、少子化が進み、きょうだいの数は少なくなり、地域からも異年齢集団が消えていきました。そうしたなかで、集団保育（保育所・幼稚園）が異年齢児とのかかわりの場でもあるという状況が生まれてきたのです。たとえば、1980年代末のある幼稚園で、新入児の世話がうまくできない年長児を前にした保育者は、「今の子どもたちは家庭でも兄弟以外と遊んだ経験が少なく、年少児のいたわり方、あそばせ方を知らない子が多いようです。」[2]と嘆く一方、次のような光景を目にしました。

　朝から三十分ほど、「おうち、まだ？」と一分ごとにくりかえし聞きながらメソメソ泣いている新入児のよしひろの手を、じっとにぎっている年長児がいます。あきこです。あの三歳、四歳時代大泣きした一人っ子のあきこです。自分が泣いた経験のあるあきこは、きっとよしひろの気持ちが痛いほどわかるのでしょう。よしひろにも、この不安な時期、そっと手をにぎってくれるあきこの気持ちが伝わったのか、その後、登園すると「おうち、まだ？」のかわりに「おねえちゃん、きてくれる？」の連発になりました。もちろん、あきこは、登園するとすぐよしひろのところへ走っていき、かいがいしくよしひろのめんどうを見ています。その顔は、ほんとうに弟の世話をするお姉さんのように、キリリと自信に満ちた顔でした。[3]

　ひとりっ子のあきこちゃんにとって、貴重な体験であったことが伝わってきます。このように異年齢児とのかかわりを意識的につくる実践は、「幼稚園教育要領」や「保育所保育指針」に記述があるなしにかかわらず行われ、そこでの子どもたちの姿を通して、保育者はその意義を実感していったのではないでしょうか。

②「子育て困難」の時代に、子どもを育む生活をつくる

　今日、幼稚園の子どもたちは、まだ、家庭できょうだいと遊んでいることでしょう。しかし、保育所で長時間、長期間過ごす子どもたちは、きょうだいとさえかかわらない状況が出てきました。また、「初めて赤ちゃんを抱いたのは自分が親になったとき」という人も珍しくなくなり、都市型の生活のなかでは、乳幼児を育む生活を維持することが難しい状況が生じてきました。

　東京の郊外、多摩ニュータウンに1973年設立された私立こぐま保育園は、20年余りの年齢別保育を経て、1997年に1～5歳児の「異年齢・きょうだい保育」に移行しました。その決断に至った背景には、次のような状況がありました。

　子育ての状況をみてみると、80年代から基本的な生活の破壊的な状況が見え始めました。乳児が、深夜12時・1時に入眠、昼の12時に起床、生後数ヵ月でテレビ漬け、「この子は、ミルクを飲めない子です」「野菜は食べられません」「牛乳とバナナ以外食べられません」と母親が言います。

　また、父母の子ども観にも変化が見え、人間関係における困難も大きくなっていきました。「子どもが可愛くない」「きょうだい一緒にいるとストレスだ」「きょうだいの世話を夫婦で分担している」「きょうだいが誕生し、2歳の上の子が一緒にいたがるけど、園を休むとクラスのみんなに遅れをとるから休ませたくない」等、深刻な事態が表出しました。

　こうした子育て状況の変貌は、園での子どもたちの姿にも反映していき

ました。課題に向かおうとすると結果が気になって、ちょっとできないと引いてしまう。緊張感が強く、いらいらしてパニックになりやすい。噛みつきが多くなり、幼児になっても続く子がいる等々です。イスを振り回して暴れる子どもに「子ども面談」を試みると、「家で両親の喧嘩が絶えなく、いつも自分にその矛先が回ってきて暴力を振るわれてしまう」と、子どもが怒りを吐露するのです。

　こぐま保育園の保育者は、「保育は、父母との共同事業」と励んできた保育観が揺さぶられ、状況の変化の速さは、保育実践においてさまざまな努力をしても、その範囲をはるかに超えるテンポで進行している、つまり、従来の年齢別保育では、この状況に即応し切れなくなってきていると判断しました。保育の根本的な見直しが求められていると考えたのです。「子どもたちの感情の育ちが、もっと豊かに、命を守り育てる生活の営みそのもののなかで、日常の生活感情として奥深く育まれるような保育、きょうだいのような親密さや人間関係の深さを、生活文化に重ねて育てられる保育の創造が必要になっている」という認識に至ったのです。[4]

③ 同年齢集団の特質

　こぐま保育園の保育者は、それまで年齢別保育のなかで「子ども同士の関係が横並びで、何でも『できる、できない』という競争と点数化による比較対象になりがちである」[5]と実感していました。また他園で異年齢保育の実施に踏み出したある保育者は、年齢別保育では5歳児の関係が「きつく」保育がむずかしいと表現しました。これは、日本の社会状況が競争的評価に満ちていて、子どもの育ちに大きな影響を及ぼしているからだと考えられます。それと同時に、そもそも、同年齢の子どもの関係性がもつ特質にも起因し、社会状況や保育実践が、それをマイナスの方向に強化している側面もあると思われます。

　ある研究者は、次のように述べています。

　「幅広い年齢層とのかかわりは、子どもたちに、年下の子を相手に教え育むことを練習する機会や、年上の子どもたちを相手に役割関係を真似たり試したりする機会を与えてくれます。一方、同年齢の子どもとのかかわりは、競争的な面を助長するようです」[6]

　「褒めて育てる」と言いますが、「褒める」のは明確な評価です。4月生

まれで、0歳児から5歳児クラスまで、保育者から与えられる課題はいつもしっかりなしとげ、「じょうず！ すごい！」と褒められ評価されていた子が、思春期から暗路に迷い込み、ようやく落ち着いたとき、「周りから『すごいね』と言われるのが一番イヤだった」と吐露したといいます。

保育者も親も、けっして競争を煽るつもりではなくても、同年齢集団に対して一定の課題達成を求めていくだけの保育では、一元的な評価基準に支配されがちです。家庭や地域でもさまざまな年齢層の人びととかかわる機会が少ない今日の状況下では、保育の場で多様な人とのかかわりを積極的につくり、自己や他者に対する認識や行動を、多面的、総合的に培うことが求められていると言えるでしょう。

3 今日の保育課題と異年齢保育

社会が変わり、子どもの生活が変貌したことが、保育所、幼稚園でわざわざ異年齢保育を実施する背景にあると述べてきました。さらに、なぜ年齢別保育のみでは充分ではないのか、また、今日求められる保育と異年齢保育の関連を明らかにしていきたいと思います。

① 子どもの学びと育ち

「学ぶ」ということばは、「まね」から派生したと言われます。ヒトは、真似上手。それは、真似て学んで自分の力にしていかなければならない事がたくさんあるからで、他の動物よりも未熟な状態で生まれると言われるヒトが、生まれながらに持っているのは、他のヒトとかかわろうとする力、真似る力です。異年齢集団の生活のなかで、子どもは年長児の行動をじっと見ていて、少しずつ真似ていきます。つまり、見習う・見覚えるという自然な（本来的な）学びがあるのです。

他人とのかかわり方も、生活のしかたも"文化"です。子育ても、それぞれの共同体が持つ生活文化の一部です。それらを生活そのもののなかで見習い見覚えるのです。さまざまな年代の人と暮らすなかで、人間がどう変化していくのかが解ります。赤ちゃんやお年寄りにどう接したらいいのか知っていきます。幼い者は、いろいろな人たちに慈しまれる体験をしま

す。ある程度の年齢に達したら、自分がなすべきこと、してはならないことも学びます。

さらに、あそびとは、本来子どもの間で伝承されてきた文化です。異年齢集団が伝えていたあそびは非常に豊富でした。また、大人に管理されない自由さがありました。時間的に自由である事に加えて、年齢で制限されないという自由です。かつては異年齢の子どもたちが、季節に応じて何年も繰り返し同じあそびをするのが普通のことでした。ルールあそびにしても、幼い子は年上の子と同じルールを適用しない「みそっかす」つまり「見習い」に近い形から参加していきました。それだけでなく、2〜3歳上の子と一緒に遊び、ひけをとらない子もいます。年齢ではなく、個人差に応じて遊ぶのです。

同年齢集団と保育者という関係においては、保育者が教え、子ども同士のかかわりを調整し、先頭に立って奮闘する姿があります。しかし、たとえば、3歳児のぶつかりあいを必ずしも保育者（おとな）が仲裁しなくてもいいのではないでしょうか。言い換えれば、3歳児だけでいるからこそぶつかりあいがエスカレートしてしまうのであって、お兄さんお姉さんが傍にいれば、あるいは見ているだけで深刻にはなりません。

異年齢保育実践での子どもたちの姿を目にすると、同年齢多人数集団のなかだけにいさせることは、子どもたちの育つ力を殺ぐことになりかねないのではないかと思わされます。人間の子どもは、何世代にもわたって異年齢集団で暮らし、育ってきたのです。とくに、乳幼児が同年齢の集団で生活するというのは、ごく新しい状況です。

こぐま保育園の「きょうだい・グループ保育」で育った子の親は、我が

子が自分よりも上手に弟妹にかかわる、と感心しています。[7] 異年齢保育は、幼い子と適切にかかわることができる大人を育成する方法のひとつでもあり、子育て文化の再生にもなりうると言えるでしょう。

② 乳幼児に適した保育環境とは

　国連・子どもの権利委員会による「一般的見解」第7号「乳幼児期の子どもの権利」は、乳幼児の「身体、性格および心理の発達のためには、少人数による一貫性のある養育関係が最も望ましい。典型的には、このような関係は、母親、父親、きょうだい、祖父母その他の親族の協力関係であり、場合により、とくに保育がそうであるように、専門的養育者がかかわっている」[8] としています。そもそも、「子どもの権利条約」は前文で、家族を"子どもの調和のとれた成長と幸せをもたらす自然な（natural）環境"とし、その保護と援助がなされなければならないとしました。今日、乳幼児が長期にわたって長時間生活する保育（デイケア）の場は、安心できる居場所であり、少人数の親密なかかわりがある家庭的要素を持たなければならないでしょう。

　ところが、我が国の児童福祉施設最低基準は、きわめて貧弱なままに置かれています。施設の基準はもとより、集団規模の基準がない点も問題です。人数にかかわる基準は保育士の配置基準のみですから、たとえば、1歳児が1クラス30人、ワンフロアーで生活するという状態であっても基準に反してはいないため問題視されないのです。もちろん、全員一斉に活動するばかりではなく、少人数のグループをつくる実践が積み重ねられてきています。しかし、同年齢集団をどう分けてどういう活動を組み立てるかだけではなく、そもそも、乳幼児保育には、どのくらいの集団規模が適切なのか、という方向から保育を見直す必要があります。

　また、同年齢多人数のクラスがひとつの保育室を生活の拠点とし、年度が替わるとクラスごと他の部屋に移るという形が適切なのかという点も検討の余地があるでしょう。担任が替わることもあり、新入児もいて、年度初めは、保育者も子どもも大変！　というのが「常識」になっていますが、年度というおとなの区切りにかかわらず、乳幼児（とくに低年齢児）の生活は継続しています。子どもの認識としては当番の順番が続いていて、年度初めの日に「自分が当番だ」と主張した子もいます。一方、異年齢集団

での生活を基礎とする場合には、生活の場を変えないですむ安定感があります。そして、集団のメンバーは年長児が卒園して、その集団の最年少児と入れ替わると、年齢別クラスよりむしろ「ひとつ上になった」と自覚しやすい面もあるようです。

③ 一人ひとりを大切にする保育とは

　異年齢保育では年齢ごとの発達が保障しにくいのではないか、とよく言われます。これに対して、できるとかできないとか一言では応えられません。なぜなら、ひとつには、「異年齢保育」といったとき、困難な条件の合同保育・混合保育をも含んでしまい、そのイメージや実際の経験から、年齢や発達に即した保育が難しいだろうと推察される場合が多いからです。さらには、これまで同年齢多人数集団での保育がいわば主流であって、そこでみられる子どもの姿から「発達」が捉えられ、保育が組み立てられ、それを基準として「年齢ごとの発達」が語られますから、異年齢保育の実際とかみあわない面があるのです。

　そうした点を踏まえた上で、年齢ごとの発達および課題達成にかかわって、本書で取り上げている異年齢保育の考え方や実際から言えることを簡略に示しておきます。詳細は、次章「異年齢保育の魅力」やⅡ部の実践報告でご覧ください。

①異年齢のかかわりが課題達成の原動力となる

　先に、同年齢集団内のかかわりは競争的関係が強くなりがちだと述べました。「できる・できない」へのこだわりが、課題回避につながってしまう傾向もあります。これに対して、年齢差がある集団のなかでは、課題達成へ導くさまざまな力が作用します。たとえば、大きい子を見習ってどんどんできるようになる、幼い子に「すごい！」と認められていっそう張り切る、自分より年下の子に刺激されて頑張る等の姿が見られるのです。

②課題設定の年齢幅を持たせ、子どもの主体的な選択を許容することができる

　同年齢といっても乳幼児は月齢差が大きく、個人差もあります。"この年代にはこの課題"という設定が、個々の子どもにとっての制約や縛りになりかねない側面を持っています。先に、いつもクラスで一番に課題をこなしていた子にとって、それが必ずしも好ましいことではなかったと書き

ました。この子は4月生まれですから、「学年」の枠を外した取り組みでは、学年が上の子と同じ課題に挑戦したかもしれません。そのなかで後からついていく立場にもなったでしょう。

③多様なかかわりで培われる力は同年齢集団でも発揮される

同年齢集団の保育では、保育者は、だれもが認められ、クラスに欠かせない存在として認めあえるように、さまざまな「集団づくり」に取り組みます。一方、異年齢集団では、年齢幅があることで、「無条件に認めあう関係」が生み出される可能性が大きいという特徴があります。そして、さまざまな年齢の子どもたちとかかわり、そのなかで相手を理解し、ふさわしいかかわり方を身につけた子どもたちは、同年齢の子どもたちとのかかわりにおいてもその力を発揮するのです。

同年齢での課題活動についていくのが辛い子ども、自分なりのペースでゆったり過ごさないとパニックを起こす子どもたちに適した形態として異年齢保育を取り入れた園もあります。そうした例に象徴されているように、異年齢保育は、一人ひとりの個性や要求、その子の存在そのものを大切する保育の実現に接近しやすい保育方法と言えるでしょう。もちろん、子どもの要求を大切にするということのなかには、「同い年の友だちとたくさん遊びたい！」という要求も含まれるのであって、異年齢保育には通常同年齢での活動が含まれていますし、同年齢の子どもの数が少ない小規模園は、他園との交流を実施する等の工夫をしています。

＜注＞
（1）宮里六郎「異年齢保育」保育小辞典編集委員会編『保育小辞典』大月書店 2006年
（2）（3）宍戸洋子＋勅使千鶴『子どもたちの四季 育ちあう三年間の保育』ひとなる書房 1990年
（4）（5）伊藤亮子 林若子「きょうだい保育の意義と実際 その1」『日本保育学会第58回大会論文集』2005年
（6）バーバラ・ロゴフ著 當眞千賀子訳『文化的営みとしての発達』新曜社 2006年
（7）こぐま保育園『きょうだい・グループ保育 異年齢・生活グループで育ちあう子どもたち』2005年
（8）日本語訳：望月彰、米田あか里、畑千鶴乃『保育の研究第21号』保育研究所 2006年

第2章 異年齢保育の魅力

　異年齢保育には、どのようなよさがあるのでしょうか。以下では、異年齢保育の特性をふまえて、子どもたちにどのような関係が生まれるのか、そこから育つもの・育てたいものは何かをまとめてみました。主として異年齢のクラス編成をしている場合の保育を想定していますが、同年齢のクラス編成を基礎に異年齢交流等をする場合の保育にもあてはまることが多いと思われます。

1 異年齢での生活とあそび

① 生活を共にする中でお互いを知りあう

　異年齢保育では、年齢の違う子どもたち同士が及ぼしあう影響・作用が非常に大きく、年齢別保育とは違った条件のもとで保育することになります。1週間に1日あるいは半日だけ異年齢交流をしている園もありますが、そこで異年齢の子どもの間にトラブルや嫌なことがあったとき、日常的に異年齢の交流がない場合、子どもがそれを修復できずに1週間マイナスイメージをひきずってしまうという危険性もあります。

　それに対して、異年齢編成のクラスを基本としている場合、異年齢の子どもたちが毎日寝食を共にし、一緒に生活することによって、違った年齢の友だちのことを知り、お互いのことがわかってきます。食べ物の好き嫌いや、好きなあそびは何か、寝起きが悪い子は誰で、どのように声をかけるとよいかや、一人ひとりの性格などを、子どもたちはよく知っていて、臨時に保育に入る保育者に教えてくれたりします。異年齢保育は、違った年齢の子どもたちがいつも一緒に遊び、同じ時間に同じように生活すると

いうことではありません。必ずしも一緒に同じことをしていなくても、目の前に年齢差のある友だちがいることによって、憧れや意欲がかきたてられたり、刺激されたり、安心できたりします。そして、同年齢だけではつくりにくいような関係も結ばれていきます。

また、家庭では、きょうだいの順番は変わりようがなく、年齢別保育のなかでは、3月生まれは毎年その学年では一番遅い生まれになるわけですが、異年齢保育においては、どの子も年上、年下と立場の違いを体験できます。このような立場の違いが、小さい子をかわいがったり、リーダー性を発揮したりという行為を引き出しやすくします。年齢別保育では、そのような行為ができないということではなく、異年齢保育では条件的にそれがより行いやすい環境にあるということです。

② 多様な参加のしかたの保障と学びあい、楽しいあそびの持続

自由あそびの場面では、異年齢の子どもたちのあそびへの参加のしかたは多様です。ごっこあそびの場合、年長児に誘われてあそびに参加したり、3歳児が5歳児が遊んでいるごっこあそびをしばらく興味深そうに様子を見ていて、自然にあそびに加わったり、「入れて」と言ってあそびに加わったりする姿が見られます。5歳児が3、4歳児のあそびに加わることもあります。

ある園では、3歳児と4歳児が家族ごっこをしているところに、5歳児がやってきて「トントントン、すみません」と言ってあそびに加わっていました。4歳児3人と3歳児1人が砂場でレストランごっこをしていると、そこへ5歳児が「ピンポン」と言って声をかけると4歳児も真似をして「ピンポン」と声をかけてあそびに加わることもありました。あそびへの参加のしかたも、大きい子の真似をして学んでいっています。

大きい子は、イメージやストーリーをつくる力があるので、ごっこあそびをリードします。4歳児が3歳児をあそびに誘って「〇ちゃんはあかちゃんね。〇ちゃん熱でたから、寝ましょう」とか、5歳児が看護師になり「呼ばれたら来てください」と言って番号札を手渡したり、「どうしましたか？　おなかが痛いですか？」とお医者さんの4歳児をフォローしたりします。

ごっこあそびで、3歳児同士やりたい役が重なってしまったときは、4

歳児が「じゃあ、○○役は？」と別の役を提案して、3歳児がそれで納得したり、4歳児が3歳児をごっこあそびに誘い、「○○役やる？」「○○にする？」と聞いてあげ、「お姉ちゃん2人にする？」、「じゃあ何年生にする？」と設定してくれていたりします。おうちごっこで、4歳児同士だと、お母さんは2人いるのはおかしいからと、ジャンケンで決めていても、3歳が一緒に入っている場合、お母さんが2人いても何も言わない4歳児。お母さんが2人いる3歳児のあそびに加わっている5歳児は、「お母さんが2人いるんだって、かわいいね」と受け入れてくれます。

　また、ごっこあそびで年長児が道具の使い方を工夫したり、あそびに必要になった道具を作り出したりしている姿を間近で見ることで、3歳児も道具の工夫のしかたを学ぶことができます。3歳、4歳、5歳の子どもが一緒に家族ごっこをしていて、空き箱を使ってパソコンを作って使ったり、5歳児が折り紙を使って体温計を作ったりしていたら、それを見ていた3歳児は、その後のレストランごっこで、折り紙でストローを作って使用していました。4、5歳で一緒に遊んでいた病院ごっこでは、その後4歳児だけでも折り紙で看護師の名札を作り、服につけていました。

　このように、ごっこあそびでは、子ども同士の橋渡しをしたりやってみせたりする保育者の役割を年長児が行うため、保育者があまり介入しなくてもあそびを展開させることができます。年少児にとっては、目の前に年長児によるモデルがあり、わかりやすく、模倣しやすく、活動意欲が高まり、あそびや行事の伝承がなされやすいといえます。

　このように、発達段階の違う子どもが一緒に遊ぶことによって、結果的に子どもたちのあそびが長続きし、楽しく遊べることになります。今述べたごっこあそびだけではなく、ルールのあるあそびにおいてもそうです。3歳だけではルールがよくわからなかったり、鬼になって泣いてしまって終わりになってしまったりするのに、4、5歳児に混じって大目に見てもらいながら遊んでいたりします。3歳児は大好きな5歳児に捕まえてもらうことがうれしくて、わざと捕まったり、5歳児に陣地を守っておくように言われて、自分の役割を与えられて誇らしげにずっと陣地から離れずにいる姿があります。また、5歳児だけだと自分のチームが負けそうだとわかると、やめてしまったりするのに、4歳児が粘り強く最後まで戦おうとするなかで、5歳児も一緒に長く遊ぶことができますし、3歳児はルール

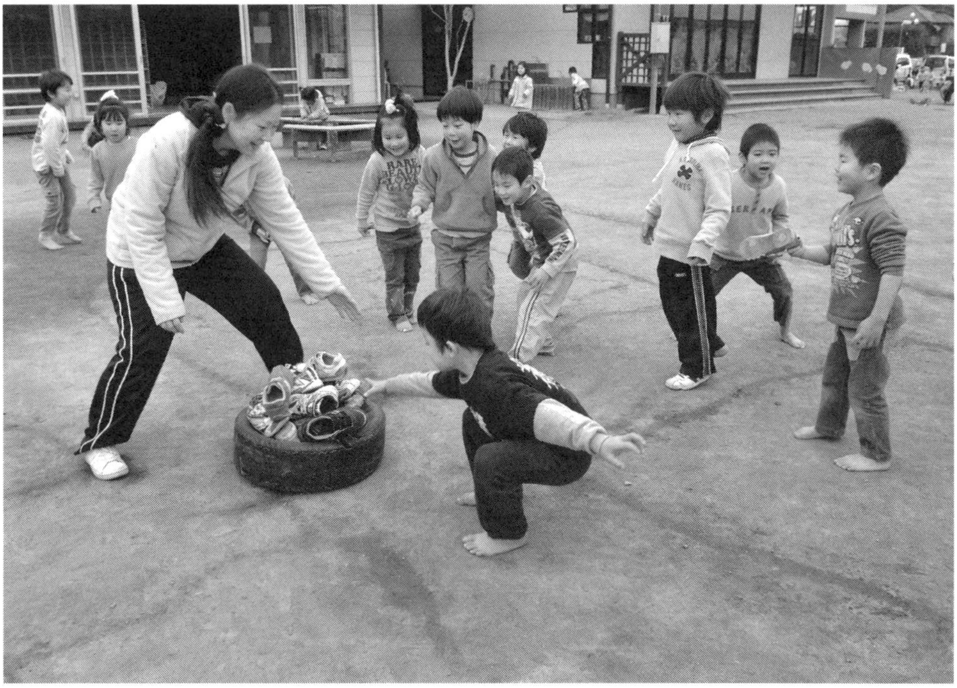

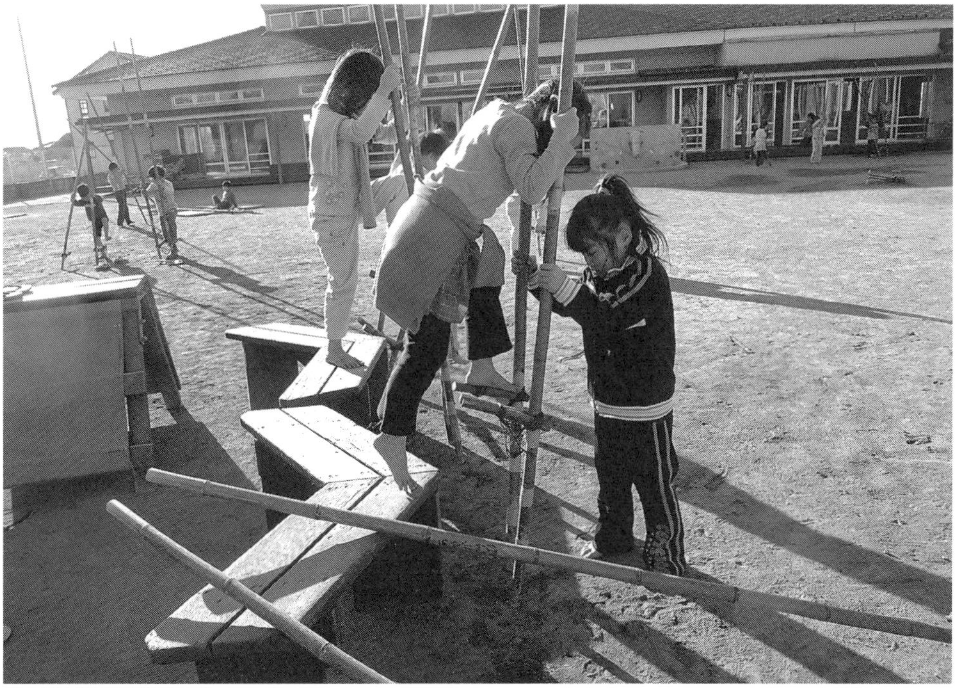

を守らないこともあるけど、すぐ捕まってくれるので、大きい子にとってもオニごっこが楽しくなるのです。

　以上のように、多様な参加のしかたが保障されていることによって、異年齢で一緒に同じあそびや活動を楽しむことができます。1960年代くらいまでの地域での異年齢でのあそびは、こんなふうに繰り広げられていたのではないでしょうか。

③ 長期的な見通しをもってゆったりと子どもを見る

　保育者にとっては、異年齢保育は、一人ひとりの姿が見えやすくなる、つまり、できる・できない、早い・遅いにとらわれないで子どもを見ることができやすくなるということが、報告されています。

　年齢別保育のなかでは、どうしても、"○○ができるようになること"に目がいき、できていない子どもを否定的に見てしまったり、できるようになるように子どもに迫ったりしてしまいがちですが、異年齢保育のなかでは、子どもたちの多様な面が見え、保育を楽しめるというのが保育者たちの実感のようです。同年齢集団のなかでは集団からはみ出したり、みんなで決めたことを守らなかったりする子どもも、小さい年齢の子どもには、とてもやさしくかかわったり、頼られたりする姿が見られると、子どもの見方・評価が変わってくるわけです。

　そして、とくに5歳児担任になると、卒園前に、あれも、これも、できるようになってほしい、なぜできないのかと保育者も、肩に力が入ってしまうのですが、異年齢保育で2、3歳児や5歳児を一緒に見ることで保育者自身が癒されるようです。5歳児も大人に自然に甘えてきてくれてうれしいし、1、2年前に比べるとこんなに大きくなったのだ、でもまだ生まれて5年間しかたっていないのだ、と思うと、子どもをゆったりと見ることができるようになります。

　子どもを1年、1年区切って見るのではなく、3、4年間の長いスパンで見ることができやすくなるのも、異年齢保育のよさです。そして、保育者にとっては、幼児クラスでも複数担任になることが多く、多くの保育者の目で子どもたちを見る確かさや、みんなで子どもを見ているという安心感がもてます。

　保護者にとっても、異年齢の子どもたちの保護者同士の交流ができやす

くなります。1、2年先輩の親から、「あのときはこうだった」、「今はこんなに成長している」という話を聞くと、安心できるでしょう。このような保育者や保護者の安心感や精神的ゆとりは、当然ながら子どもの育ちにとってもよい影響を与えることになります。

2 多様な人とのかかわり

　異年齢保育においては、子どもたちは異年齢・同年齢の多様な集団場面での体験によって、多様な関係を結んでいきます。それは、大きい子は小さい子にやさしくする、というような一方向的ではなく、双方向的な関係です。

① 甘え－甘えられ、頼りにされる関係

　現代社会において家庭での生活は慌しくなっており、ゆったり過ごすことができず、甘えることが苦手な子どもが増えているように思われます。また、保育園で長時間過ごす子どもたちは、疲れて甘えたくなることもあるでしょう。そのような状況のなかで、園で気軽に甘えられる環境を意識的につくることが求められています。

　異年齢集団のなかでは、3歳児が甘えて保育者や4、5歳児のひざに乗ったり、だっこしてもらったりしています。そのなかで、4、5歳児も、甘えることがおかしいことではなくなり、自然と保育者の背中にもたれたり、膝の中に入ったりすることができ、くつろいだ雰囲気になるようです。

　下の子には折り紙や剣などを作ってあげるやさしい面をもっているが、友だちに対して嫌なことを言ったり、手や足が出てしまったりする5歳のY君。ふだん保育者に頼ってくることがなかったY君が「つくってー」と言ってきたので、保育者はいつでも作ってあげることを伝えると、その後、保育者に甘えてくることも多くなってきたり、けんかのときに少し間ができたり、自分の気持ちを涙をうかべながら語ってくれるようになりました。また、好きなあそびに保育者が付きあうなかで、お昼寝のときに「トントンして」と甘えられるようになった5歳児もいます。3歳児もおとなの膝を奪いあわなくても、大きい子が受け入れてくれて満足することもありま

す。保育者には素直に甘えられない子も、大きい子には甘えられるということもあるようです。

大きい子が小さい子を頼り、支えられることも

　また、自分が困ったときに周りの人に助けてもらうということも、広い意味で甘えられるということです。たとえば、早めにプールからあがって着替えている５歳児が、自分の服の背中のファスナーが上げられなくて困っていたとき、プールに入れずに見学していた３歳児に、ファスナーを上げるように頼んでいる姿がありました。３歳だからできない、頼めない、３歳は甘えるだけということではなく、大きい子からお願いされることもあるわけです。できないことは人に頼む、助けを求めるということは生きていくうえで大事なことだと思います。

　年長児が小さい子を寝かしつけるということをやっている園があります。年長さんだからやらなければいけない、ということではなく、年長さんになったらできる、憧れの活動なのですが、子ども同士の人間関係ができていなかったり、背中を「トントン」たたくやり方がうまくないと、小さい子が嫌がったり、近寄らせてくれないということがあります。しかし、だんだん関係ができてくると、小さい子も年長さんを指名して「トントンして」と甘えられるようになるし、年長さんも指名されてやってあげ、「ありがとう」と言われて誇らしげになります。同年齢集団のなかでは何かと注意されることが多い５歳児のＳ君は、生意気な３歳児には手足が出てしまうこともあるのですが、２歳児は無条件にかわいいと思えるようで、やさしくことばをかけていました。

自分がかつてやってもらったことをやってあげる

　また、散歩のときに年長児と年少児が手をつないで行くという園もあります。これも、大きい子は小さい子にやさしくしてあげることを一方的に要求するのではなく、年々そうやって散歩に行っていると、大きい子にやってもらったことをあたりまえのように、小さい子にやってあげたい、自然に小さい子を車道の反対側にして手をつないで、守ってあげたいという意識が育っていくようです。

　小さい子は、大きい子に手をひいてもらって散歩に行ったり、だっこしてもらったりして甘えさせてもらった経験から、ごっこあそびのなかで、

Chapter ❷ 異年齢保育の魅力

こどもまつり　3歳児もお店屋さん

5歳児がいなかったとき、3・4歳児で配膳して、誇らしげに

5歳児が3歳児をカンガルーケアでトントンしているうち（左）5歳児が寝て、3歳児が5歳児の背中カキカキしているうちに寝てしまいました（右）

散歩の定番オンブ

クッキング。カレーの材料ジャガイモをみんなで皮むき

写真提供たんぽぽ保育園（9章）

2歳児が「怖かったら手、つないであげるよ」「おひざにおいで」などと、上の子にやってもらったことを再現している姿があります。また、小さい子とのかかわり方がわからなくて手をつなぐのは嫌だという5歳児がいても、無理強いしないでみんなで散歩に行くと、他の子たちが手つなぎをしているなかで、自分もやってみたら、手のぬくもりが心地よくて、また一緒に行きたいと言うようになったという例もあります。このように甘えられ、慕われ、頼りにされるということは、自分を肯定的に受けとめ、誇りや自尊感情・自信、人を信頼する力の育ちにもつながるのではないでしょうか。

② 憧れ－憧れられ、認めあう関係

異年齢保育では、小さい子が大きい子どもたちに刺激されたり、憧れたりして、「自分もやりたい」「できるようになりたい」と意欲や目的意識が高まるということは、以前から指摘されています。そのことによって、あそびやよい習慣が伝承、継承され、集団の文化性が高まっていきます。憧れられることは、認められることであり、子どもたちの発達に欠かせないことです。人間は本来、承認欲求をもっているといわれていますが、その承認欲求を満たすことによって、成長していけるわけです。

ただし、大きい子が小さい子に一方的に憧れられるという関係ではありません。大きい子からみて、小さい子もすごいな、と思うこともあるのです。開戦ドンを異年齢のチーム対抗でやっていて、3歳児がジャンケンに勝っただけで、「すごい！」とほめたたえる5歳児、運動会に向けてのかけっこで、転んでも泣かないで立ち上がって走り出した3歳児を見て、「すごいね」という5歳児。年下の子も同じ仲間として認めあう関係がつくられます。

③ 教えてほしい－教えてあげる関係

大きいから小さい子に教えてあげなさい、というのではなく、小さい子に憧れられたり、認められるなかで、大きい子は、小さい子に「やって」「教えて」と頼まれたり、困っていたら自然と教えてあげたりするようになります。4歳児の教え方は、まだ具体的に相手に伝えられなかったりし

ますが、5歳児は、相手の立場に立って教えることができるようになり、そのような場面があることで、力を発揮していきます。5歳児は3歳児のこまに紐をかけてあげ、一緒に手を添えながらやって教えてあげたり、カキ氷やさんごっこで、3歳のお客さんに「レモン味といちご味があるけど、どれにする？」と相手の年齢に合わせて、ていねいに聞いてあげたりすることができます。また、4歳児が包丁を使っているときに、5歳児は自分が手を出すのではなく、反対の手が「ねこの手」になっているかなど、見守ってくれます。

　友だちと行動するのが苦手だけれど、虫が大好きでよく知っている5歳児に、異年齢のクラスの子どもたちが一目おくようになり、少しずつ自信がついてきて、3歳児にカブトムシの幼虫の飼育のしかたを教えてあげるようになったという事例もあります。

　飼育活動を中心とした活動をやりたい子がやるなかで、自然な教えあい・伝えあいができている園もあり、そこでは、飼育の技術ばかりではなく、やさしく教えてもらったという気持ちの交流もあるようです。また、教えてもらうなかで、自然や環境に対する考え方や智恵も伝承していくことができるのかもしれません。

④ 要求しあい、鍛えられ、励まされる関係

　異年齢保育では、年長児に就学にあたって必要な力をつけてあげられないのではないか、といった疑問もよく耳にします。

　しかし、実際は、年長児は異年齢保育のなかで、けっこう鍛えられるようです。5歳児にもなってくると、同じ5歳児同士、友だちの性格や気持ちなどがわかってきて、わかるから逆に言いたいことが言えなくなったりもします。周りの声を聞かず、自分の言い分を通そうとする子や、反対に自分の意見をなかなか言わない子がいても、それほど自分たちに不利益がなければ、「しょうがない」で通してしまうこともでてきます。

　しかし、そこに3、4歳児がいると、ストレートに思ったことをぶつけてきます。異年齢の活動を通して、大きい子も小さい子も対等に主張できるような関係をもとに、「自分も〜〜がいい」とか、「どうして、いつも○○ちゃんばかり〜〜なの？」とか、「自分の意見をはっきり言ってよ！」とか、「やさしくなったら一緒のグループになってもいいよ」と言われ、

同年齢の友だちに言われると反発してしまう子も、下の年齢の子に言われると、ごまかすこともできず、きちんと対応しかっこいい自分を発揮しなければと思うようです[1]。

また、小さい子と一緒に楽しく遊ぼうと思ったら、小さい子の言い分を聞いて対応しなければなりません。「3歳のくせに」とか「3歳にはやらせない」などと頭ごなしに言ってしまうと、相手が怒ってしまうとか、怒らせてあそびから抜けられてしまうと、自分たちもおもしろくない、というような経験をしながら、どうやったら一緒に遊べるか、どういう言い方をすればよいのか、学んでいきます。

また、のぼり棒やとび箱に取り組む5歳児に、憧れのまなざしを向けながら応援してくれる3、4歳児もいます。3、4、5歳児合同の綱引きでは、どんなに負けても「やる」と前向きな4歳児や、「パン2個食べればいいんじゃない？」などと素直で単純な意見を出してくれる3歳児に5歳児が励まされることもあります[2]。

4歳児と5歳児との関係では、4歳児のほうが先に鉄棒などの課題ができてしまう場合もあります。そんなとき、5歳児が落ちこんでしまったり、投げ出してしまったりするかというと、意外とそうではなく、4歳児の一生懸命に取り組んでいる姿に励まされ、自分も負けじと頑張ることが報告されています[3]。

3 自己肯定感を育てることを重視する保育観・保育目標

① 安心して自分が出せる

異年齢保育の場では、「安心して自分が出せる」といわれます。「この年齢ならできてあたりまえ」というプレッシャーから、イライラしたり、攻撃的になったり、不安定になっている子どもたちが増えているなかで、一人ひとりの個性を生かし、それぞれの子どもの成長、発達を保障するために「安心できる場」「安定できる関係」づくりが何より大切になっているのではないかという指摘もあります[4]。

依存できる居場所

　「安心して自分を出せる」とは、どのようなことでしょうか。朝、親との別れがスムーズにいかずに泣いている3歳児も、なかよしの5歳児が迎えに来ると、すっと親から離れられる、というような安心できる関係を築いている園もあります。

　自由あそびの場面でも、ごっこあそびでうまくやりとりができない子や、複雑になったルールあそびについていけない子などは、同年齢の子と遊ぶよりも、下の年齢の子と一緒に遊んでいることがあります。同年齢の友だちと遊べるようにさせる、と意気込んで指導するのではなく、今は居心地のよい場をそこに見つけて遊んでいるのだということを認めることが大事ではないでしょうか。そのような子も、自分の拠点とする場所・居場所を広げ、経験を積み重ねながら、就学までには、同年齢で遊べるようになっていくようです。

　甘えられるということも、安心して自分が出せるということですが、それは、困ったときに助けてと言える力につながります。これは、就学後、そして大人にとっても重要な力ではないでしょうか。何でも自分でできることが自立ではなく、できないときにどうしたらよいか、安心して他人を頼れるということも自立の一つの側面だと考えられます。

「かっこ悪さ」も素直に出せる

　また、「安心して自分を出せる」とは、緊張しすぎたり気取ったりしないで自分を表現できる、表現したことを無視されたり、侮辱されたりせずに、あるがままを受け入れてもらえるということでもあります。

　たとえば、5歳児は、話しあいの場では、"かっこいいことを言わなければならない""こんなことを言ったら笑われるのでは"と思っている部分もあるのですが、思いついたことやきちんとした文章にならないようなことばを、深く考えずに発言する3歳児の姿を見て、自分も言いやすくなるということがあるようです。保育者に「おばけやしき怖い人！」と聞かれて、最初は恥ずかしくて黙っていた5歳児も、3歳児が素直に挙手するのを見て、正直に不安な気持ちを表明することがあります。

　また次のような例もあります。お店屋さんごっこに向けての看板作りで、5歳児がていねいに書いた字の上におかまいなしに3、4歳児が絵を描いていたら、同じグループの5歳の子がつられて真似をして描いてしまいま

した。5歳児でも、かっこよく描きたいという気持ちとともに、枠からはみ出して気持ちを解放して自由に描きたいという気持ちがあるわけで、3歳児を見て、つられて解放的にやんちゃをしてしまったわけです。その子にとっては、自分を安心して出せたわけですが、字を汚された5歳児には、"3歳、4歳さんなら許せるけど、なんで5歳が！"と泣いて怒られてしまいます。めったに涙を流さないその5歳児も本音を出して抗議しているわけで、言われた子は、はめをはずしてしまって、ちょっと失敗したかなと反省し謝る、そんなかっこ悪さもさらけ出し、ぶつかりあえることが大事なのではないでしょうか[5]。

　また、1、2歳から5歳までの異年齢編成クラスの場合、幼児がちょっと頑張って活動して部屋に帰ってきたら、かわいい1、2歳児がいてほっとする、癒されるということもあるようです。

　斎藤学は、「機能している家族」は「安全な場所」でなければならないと述べ、その要件として、そこで「待たれている」（いないと探される）、「査定されない」（あるがままでいても安全）、「心身ともに傷つけられない」ということを挙げています[6]。

　以上見てきたように、異年齢保育で「安心して自分が出せる」というのは、集団にこの3つの要件が備わっており、自分を受け入れてもらえ居心地がよく、必要に応じて依存できる居場所となっているということだといえます。

　もちろん、同年齢集団では、安心できる場が持てないということではありません。異年齢集団でリーダーシップを発揮しようとして少し緊張し、同年齢集団でほっとするという場合もあるでしょう。「異年齢」集団と「同年齢」集団と両方があることによって、個々の子どもによって、安心できる場が、多様につくり出される可能性があるということです。

② 異質性・多様性を受容し共感する力

　異年齢の子どもたちが一緒に生活をする保育のなかでは、年齢の違う子どもたち同士、お互いの違いを理解し、相手に応じたかかわり方を工夫していくようになります。ルールのあるあそびでは、大きい子たちは、小さい子に対しては手加減して遊ぶようになります。フルーツバスケットで呼ばれていないのに席を立つ2歳児を、かわいいと思って大目にみたり、ド

Chapter ❷ 異年齢保育の魅力

ッジボールでボールをやさしく転がしてあげたりします。

　ペースが速すぎて、年下の子やゆっくりペースの友だちに苛立ったり、少しでも先を越されてしまうと悔しさをあらわにしていた5歳児が、異年齢保育の生活を通して、年下の子のペースに合わせてサポートしたり、負けても自分の気持ちをコントロールできるようになったという例があります。

　散歩に行って「足が痛い」という3歳児を、文句も言わずずっとだっこして歩いて帰ってくる5歳児もいます。小屋掃除が嫌だという年中の子たちに「しょうがねえなあ。じゃあやってあげるか」と一肌脱ぐ5歳児もいます。お互いの違いを理解し、「～～しなければならない」だけでなく、「そういうときもあるさ」「しゃあないか」「～～したかったの？」と柔軟に受け入れていく力が育っていきます。ちょっとできなかったり皆と違っていたりしたときにお互いを非難しあうような関係ではなく、寛容になれるということは、これからの社会を生きていくうえで大切なことではないでしょうか[7]。

　そして、違う年齢の友だちの特徴を理解するということは、自らの年齢をより強く意識することにつながります。園の仕事や行事では、「○歳児になったから～～ができる」「これは、自分たち○歳児にしかできないこと」という、誇りや自信もついてくるのではないでしょうか。

③ 自信・自己肯定感

　異年齢保育では、安心して自分を出せる雰囲気や人間関係のなかで、子どもたちはお互いに受容されたり、憧れられたりして、認められる機会が多くなることにより、自信や自己肯定感が育っていきます。何かができて自分は有能であると自信をもつということも大事ですが、できなくても自分には価値があると思える「自己肯定感」、弱さをもった自分をも肯定できる「自己肯定感」を育てることが今の社会のなかで、とても大事になってきているのではないでしょうか。この「自信」と「自己肯定感」は、「自尊感情（self-esteem）」の2要素ととらえられます[8]。

　ベッツィ・ヤングは、自尊心を育てる要素として、
　①身体的な安全が感じられる（身体を傷つけられることがない）
　②情緒的に安定している（脅かされたり恐怖を感じたりすることがない）

③確かな自己概念をもつ（自分が大切にされていると感じ、自分が貴重な存在だということを知っている）

　④所属感がある（自分を受け入れてくれる居場所がある、周囲の人から必要とされている）

　⑤自分の可能性を感じる

　⑥使命感をもつ（目標を設定して、到達に向けて努力を続ける）

を挙げています[9]。

　①〜④は、「安心して自分が出せる」ことに含まれています。そして、⑤、⑥のように、意欲的に目標を達成する活動に取り組むこととつながって、自尊感情が高まっていくと思われます。2節で述べた異年齢集団で生じる多様な関係との関連で、自尊感情がどう育っていくのかまとめてみましょう。

　年上の子からやさしく甘えさせてもらった子は、自分が受け入れられ、大切にされていることを感じるでしょう。そのような安心感にもとづいて、大きい子に憧れて、意欲的に活動し、教えてもらったり励まされたりしながら、目標を達成し、自信や自己肯定感を高めていくでしょう。

　大きい子で同年齢集団のなかでは少し自信がない子どもも、小さい子どもたちからは、何をやっても「すごい！」と認めてもらえるような集団のなかで、緊張せずに、失敗してもだいじょうぶだと安心して表現したり、自分の弱さをさらけ出すことができます。そのような関係性のなかで、小さい子からも刺激されたり、憧れられたりし、自分の可能性を感じて目標への到達に向けて努力し、それがみんなに認められて自信になったり、失敗した自分を受け入れることができたりするでしょう。

慕われ、頼りにされるなかで

　また、小さい子をかわいいと思って接することで慕われ、頼りにされ、自分の価値を感じ、自己肯定感が育っていくと思われます。同年齢集団のなかでは、なかなか自己コントロールできずにトラブルを起こすことの多い5歳児も、1、2歳児のお世話をすることで慕われ、それをよりどころにして自分を支えている場合があります。

　アメリカの研究においても、異年齢集団が「虐待」の範疇の子どもにとって、治療的・矯正的効果があることが示唆されています[10]。同年齢の友だちには攻撃性を現していても、年少児に教えたり助けたりしようとし

たり、年長児をまねしようとしたりするのです。自分が必要とされている存在、期待されている存在であることを確認し、自分の存在価値を感じるのだと考えられます。そして、小さい子の姿を見て、その姿に1年前、2年前の自分を重ね合わせ、自己を振り返ったり、小さい子に「前よりやさしくなった」「ゴメンネって言えるようになった」などと言われながら、自分が大きくなったことを実感し、自分の成長の変化を多面的・多角的に把握する「自己形成視」[11]が育ち、自信や誇りを膨らませていきます。

他者の受容につながる

　一方、自尊感情が高まっていくと、他人をも受け入れ、やさしく接することができます。ある4歳児は、すもうごっこで、いつも自分より弱い年下の子を相手にして、勝つことで満足していたのですが、次第に運動会などの活動のなかで周りに認められていくなかで、年下の子に手加減したり、わざと負けたりするということができるようになっていきました。自分に自信がついて、下の子に配慮する余裕ができたようです。勝つか負けるか、という競争的な価値観だけに支配されるのではなく、楽しい雰囲気のなかで活動し、相手の気持ちも理解でき共感できるようになり、お互いに楽しめる工夫をするようになります。また、自信・自己肯定感があるから、安心して自分をさらけだせ、助けてと言えるようにもなっていきます。このように、安心感、相手を受容することと、自信・自己肯定感の相互作用のなかで、自尊感情を高めていくことができると考えられます。

　現代社会においては、子どもたちは競争社会の影響を受け、他人と比べて自分のできなさを必要以上に意識したり、できて当たり前、なぜできないのかという視線にさらされ、自尊感情－自信と自己肯定感が育ちにくくなっています。国連子どもの権利委員会（「一般的意見」第1号　2001年）でも、教育の目標として、人間としての尊厳、自尊感情、自信を発達させることによって子どもをエンパワーすることが重視されています。自己肯定感を育てることを重視する保育観・保育目標のもとでは、異年齢保育のよさを活かした保育ができるのではないでしょうか。

＜注＞
（1）伊藤シゲ子「異年齢保育の四季から生活をともにする異年齢集団の保育づくり～」『季刊保育問題研究』（全国保育問題研究協議会編、新読書社、以下同じ）No.212　2005年　p.212

（２）加藤かほり「思いをぶつけあいながら仲間を感じ取る異年齢の生活」『季刊保育問題研究』No.218　2006年　p.228

（３）喜友名恵子、加藤好美「しっぱいしたとき、困ったときに自分の思いを出すようになった五歳児Y君〜異年齢の子どもたちとのかかわりのなかで育った力」『季刊保育問題研究』No.230　2008年　p.103、高田清「異年齢保育という方法技術と仲間づくり」『季刊保育問題研究』No.219　2006年　p.87

（４）堤崎栄造「飼育活動から見えてきたこと」『季刊保育問題研究』No.219　2006年　p.28

（５）山口圭子「異年齢で楽しむお店屋さんごっこ〜三、四歳児がいるからこそ育つ五歳児」『季刊保育問題研究』No.224　2007年　p.99

（６）斎藤学『魂の家族を求めて』小学館、1998年　p.300

（７）1993年の国連総会で、1995年を「国際寛容年」と宣言し、1996年に11月16日を「国際寛容デー（International Day for Tolerance）」と定め、教育機関と広く一般に向けた活動を行うよう決議した。ここで寛容とは、「他者の認識及び尊重、あるいは他者とともに生活し、他者に耳を傾ける能力」であり、寛容があらゆる市民社会の基盤であり、平和の強固な基盤であると位置づけられている。

（８）ナサエル・ブランデン著　手塚郁恵訳『自信を育てる心理学』春秋社　1992年

（９）ベッツィ・ヤング著　田村ゆき子・田村富彦共訳『自尊心を高める子育て法』一光社　1995年　p.16

（10）Lilian G.Katz, Demetra Evavgelou and Jeanette Allison Hartman, The Case for Mixed-Age Grouping in Early Education. National Association for the Education of Young Children, Washington, D.C. 1990. pp.19, 21

（11）田中昌人・田中杉恵『子どもの発達と診断5　幼児期Ⅲ』大月書店　1986年　p.224

＜参考文献＞
・菊池明子編著『たてわり保育』フレーベル館　1988年
・諏訪きぬ・ききょう保育園『ききょう保育園の異年齢保育〜かかわりが確かな力を育てる』新読書社　2006年
・ひまわり保育園『50周年記念誌　ひまわり保育園　もうひとつのお家をめざして』2005年

Ⅱ部

各地の異年齢保育の実践に学ぶ

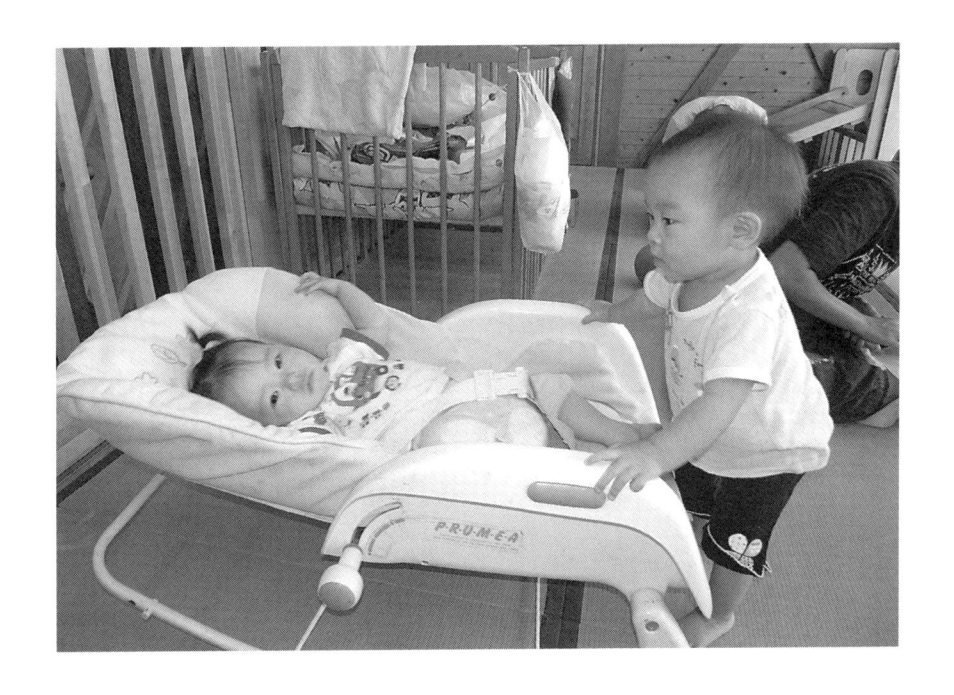

第3章 1歳児からの異年齢保育に取り組んで

きたの保育園

はじめに

　きたの保育園がある滋賀県野洲市は、京都や大阪への通勤圏内であり、バブル期には大企業の誘致がすすんだため、若い労働者とその子どもが増え、保育需要も高まり、待機児童が増え始めました。そうしたなかで、高齢者福祉事業を行ってきた社会福祉法人が、地域の子育て要求に応える保育園として設立したのが、きたの保育園です。80人定員で認可され、1年後に一時保育、2年後からは子育て支援センター事業にも取り組んでいます。

　きたの保育園は、1歳児から5歳児の異年齢保育を展開できる保育園として設計され建設さ

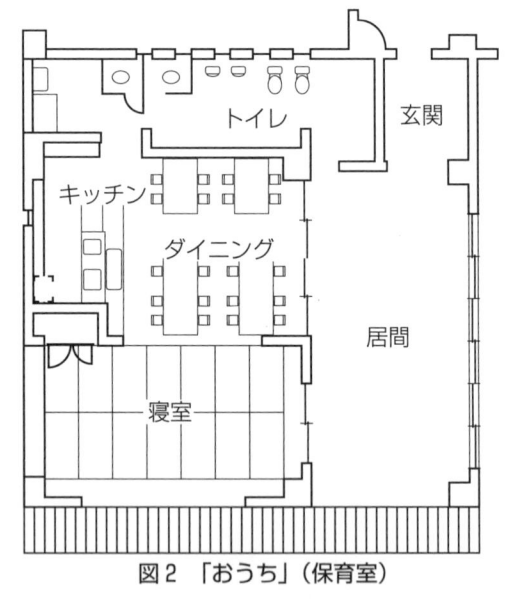

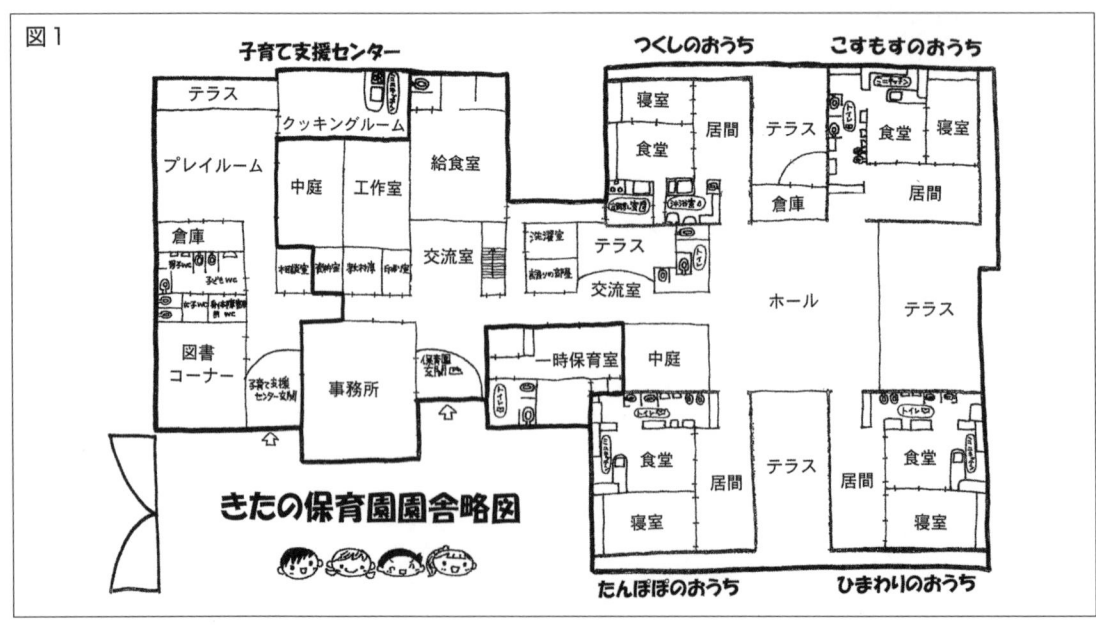

図2 「おうち」（保育室）

図1　きたの保育園園舎略図

体制表　2010年度4月

	つくし	たんぽぽ	ひまわり	こすもす
0歳児	6	0	0	0
1歳児	6	3	4	4
2歳児		6	6	6
3歳児		5	5	5
4歳児		5	5	4
5歳児		6	5*	6
合計	12	25	25	25
保育士	8H4人+4H1人	8H3人+4H1人	8H4人	8H3人+4H1人

＊障害児加配1名（H：時間）
・栄養士兼調理師8H2人＋4・5H2人
・延長保育対応朝2H3人＋1H1人、夕2H
・子育て支援センター8H1人＋7H1人
・1時保育6・5H1人～2人
・フリー主任＋8H1人
・つくしの1歳児は年度途中で異年齢のおうちへ移行していく（0歳児の年度途中入所予定児は7名）

れました（図1）。各部屋（おうち）は、寝・食・あそびが保障できる3つのスペースにわかれ、食事をとる部屋には対面式キッチンが用意され、寝る部屋は畳が敷かれるなどの贅沢とも思われる間取りが用意されていました（図2）。2004年4月、3人の保育経験者以外は新卒者という構成で出発しました。

開園時間は7：00～19：00です。

① 「主活動は年齢別」から「異年齢での暮らし」に至るまで

（1） 主活動は年齢別に（1～2年目）

1年目の夏までは、生活も主活動の時間も異年齢で過ごしていました。人数も今よりは少なく、大きい子は小さい子がかわいい気持ちがいっぱいで、小さい子も大きい友だちと関ることを喜び、家族のような雰囲気がありました。しかし、運動会に向けて、発達・運動能力が大きく違う1歳～5歳までの集団で運動あそびをどう取り組んでいけばいいのかを考えたときに、異年齢では難しく、主活動の時間だけは、年齢別に集まって活動をしようということにしました。

主活動の時間だけ、1歳児から全年齢、同年齢の子どもたちが各おうちから集まってひとつの集団として活動をしていたのです。そして、週に1回「おうちの日」があり、その日はおうちで活動する日と位置づけをしていました。運動会や発表会に向けての取り組みをするにあたって、また年齢の発達を保障するためにはと、2年目までこのように年齢別で活動をしていたのです。

（2） 1、2歳児は「おうち」で（3年目）

取組みを始めたときは、こうして主活動は年齢別にすることでその年齢にふさわしい発達が保障できているのではと思っていました。しかし、子どもたちの姿を見、いろんな研修や、経験を重ねていくなかで、1、2歳児にとって、いつも生活しているお部屋ではなく、違うお部屋に行って、しかも、いつも一緒にいない友だちや大人と、同年齢10数人程の大きな集団で一斉に活動をするということが、安心できるのだろうか、分かりやすいのだろうかと、振り返って、論議をしていきました。

そして、いつも一緒にいる友だち、大人といつも生活している環境のなかで、安心して、ゆったりとしたわかりやすい生活の流れで、自分で見通しを持って過ごしていけるようにすることが何より大切ではないかと確認しあい、1、2歳児が年齢ごとに集まって過ごすのは、次年度からやめることにしました。

おうちでの生活を基盤にしたことで、以前のように違うお部屋へ移動したり、いつもとは違う集団で不安になったりすることもなく、同じ友だち、同じ先生、同じ場所で安心して、また生活の流れでも無駄な移動がなくなって、いつも同じ流れでゆったりと過ごせるようになりました。

（3）3、4、5歳児の保育を見直す（4年目）

3歳以上児については、年齢別の活動のなかで育むものがあるのではと考え、年齢別で集まって活動をしていました。しかし、3年目の年度末の総括会議で、3、4、5歳の子どもたちの、どんな育ちを大切にしたいのか、そのためにはどんな生活を保障してあげたらよいのかということを柱に、もう一度話しあいました。

年齢ごとに活動をすることで、同年齢の友だちの刺激を受けながら、自分もしたいと思ったり、気持ちを膨らませることもたくさんありますが、何となく集団の流れに合わせて過ごしている子どももいます。また、4歳児は、えてして友だちと自分を比べて、できない自分を過剰に意識し、自分を思いきり発揮することができなかったりすることもありました。

そうした姿は4歳児の特徴でもあり、乗り越えていくことも大切なことなのかもしれません。しかし、どんな育ちを大切にしてあげたいのかと考えたときに、一人ひとりの子どもたちが本当に自分の好きなあそびを見つけて、ぐっと遊び込むなかで、"自分"という芯をしっかりと持つこと、その楽しいあそびのなかで、友だちと共感したり、目的を共有したりしながら、子どもたち同士が深くかかわりあって、やりとりし、お互いの思いに耳を傾け、認めあい、ときにはぶつかりあいながら、人と密にかかわっていくことが大切なのではないかと確認しました。

それは年齢ごとの活動でもできることですが、異年齢という縦、横、斜めと幅の広いかかわりのなかで、よりそれぞれの要求に合ったあそび、深い豊かなかかわりが保障できるのではないかと、次年度より3、4、5歳もおうちでの生活を基盤にしていくことにしたのです。

（4）7年目を迎えて

4年目5年目はおうちでの生活を基盤にしていきましたが、おうちのなかでも1、2歳児と3、4、5歳児というように乳児と幼児で分かれて活動していることがほとんどでした。ときには、全員で散歩に行ったり、1歳から5歳児まで半分に分かれてグループ散歩に行ったり、少人数ずつのグループに分かれて絵の具あそびをしたり、粘土あそびをしたり、ほかにも一緒に遊ぶことはありましたが、おとなの頭の中には乳児、幼児と、2歳と3歳の間に線を引いて

考えてしまっているところがあったのです。

　しかし、2歳児の高月齢の子どもは気持ちも大きく、あそびもダイナミックになってきていたり、反対に、3歳児でも発達がゆっくりで、1歳児や2歳児の子どもたちと一緒に遊ぶほうが心地よい子どももいます。ほかにも、今は小さい友だちの中でゆったりした気持ちで過ごしたいなと、ちょっと同年齢の友だちから離れて遊ぶことで、気持ちを穏やかにする大きい子の姿もあります。朝、夕の自由あそびの時間は1歳から5歳児までが乳児、幼児関係なく、関心のあるあそびに寄り合いながら入り交じって遊んでいるのに、主活動の時間は大人のほうが勝手に子どもを分けて考えてしまっていたのです。

　子どもたちの発達にはけっして境界線はなく、発達も個々でさまざまです。一般的な特徴や発達段階はありますが、同じ年齢・月齢でも子どもによって育ちはさまざまで、この年齢だから、できる・できないといった決められた育ちはありません。一人ひとり子どもたちの姿は違います。そういったことを踏まえて議論し、6年目、7年目と一人ひとりが満足して、主体的に遊ぶために、ということを大切にして、2歳児と3歳児の間の目に見えない境界線を取り除き、一人ひとりの子どもの育ちを見て、あそびや取り組み方などを考えていくようにしています。

（5）5歳児独自の活動

　ただ、5歳は、同年齢の対等な関係のなかで意見を出しあったり、自分の気持ちに折りあいをつけたり、友だち同士で力を合わせ、ひとつの目的に向かうなかで、仲間のなかの自分を感じたり、より大きな達成感を感じたりしてほしい。また、"年長だからできる"ことがあることで、年長の子どもたちにとっても自信や誇りにつながり、小さな子どもたちにとっても（とくに4歳児にとっては）、年長児になったらあんなことができるんだという憧れ、大きくなりたい気持ちが膨らんでいくのではないかと、年長児はお泊り保育、運動会、卒園式などの分かりやすい目的に向かって、5歳児だけで集まって取り組んでいくことにしました。

（6）おうちでの生活を基盤にした年間の取り組み

・4、5月は、それぞれのおうちでの生活を基盤にして日々の生活を作っていきました。

・6月は、お泊り保育の取り組みで主活動の時間だけ年長児がお部屋から出て、1歳から4歳の子どもたちだけになりますが、4歳の子どもたちが、年長児の子どもたちがいないので、"自分たちが！"と張り切る姿が見られます。

・7月は、夏まつりに向けておうちのみんなで御神輿作りに取り組み、プールは1、2歳児はおうちごとに、3、4、5歳児は年齢別に入ってきました。7年目からは自分で深さとグループを選び入ることにしました。

・運動会では、親子で体を動かして楽しむことを大きな目標にして取り組みました。年長児

泣いてしまった1歳児に3歳児と5歳児が「いない いない ばぁー」

は誇らしい自分を見てほしいという願いもあるので、5歳児としての種目を取り入れてきました。
・運動会後は1歳から5歳までみんなおうちでの生活をし、12月の生活発表会は、3、4、5歳児が、自分たちがしたいことを出しあい、話しあって決め、自分たちのやりたいあそびをどっぷりと楽しみながら創意工夫し、劇あそびなどひとつのものを力を合わせて創り上げ、保護者の方にも一緒に楽しんでもらいました。
・2月より卒園式の取り組みに向けて5歳児のみ年齢の活動をしています。

（7）少人数の異年齢グループをつくって

開園して1年目は、年齢別の活動をしていたこともあって食事の時間もバラバラで、食卓も年齢ごとに座っていました。異年齢でかかわるのは朝とおやつ後という生活、異年齢で生活をしているのに年齢ごとに分れていてる時間のほうが多いほどでした。

それでも、小さい子のお世話をしたい大きい子たちが、寄り添ってかかわってくれたり、やさしい姿がいっぱいでした。そして、そんな大きい子を頼る小さい子たち、甘えたり、一緒に遊んだり、お世話してもらうことを喜んでいました。しかし、大きい子のなかには一方的なかかわりだったり、自分のことしか考えていない姿もあり、どうしたら異年齢のかかわりがもっと密になっていくのだろうかと考え、2年目の9月に、あるおうちが、異年齢グループ（5〜7人）を作って、食事の時間を小グループで食事をするようにしたのです。

（8）食事を大切にして

活動から帰ってきて、大きい子から小さい子までが一緒に異年齢の小グループで食事をするのです。そうすることでお互いの姿に目が向きやすく、小さい子の姿に自分で気づいて動く大きい子の姿がありました。おかわりを入れてあ

げたり、ピカピカにしてあげたり、苦手なものを減らしてあげたり。毎日、一緒に食卓を囲んで食事をしているからこそ、ありのままの姿を受け入れている大きい子どもたち、そんな大きい子に心から安心して、自己主張もいっぱい出している小さい子どもたち。姿や行為だけではなく、心も見えてきてお互いにつながりあって、ひとつの家族のように当たり前で心地がよくほっとできる場所になり、心が和むそんな食事の時間になったように思います。

そして、他のおうちも順々に取り組むようになり、今はすべてのおうちが、それぞれ異年齢グループで、担当の保育士と食事をしています。11時になると、調理師、栄養士が各おうちに食事を運んでいきます。そして、おうちのキッチンで当番の子どもたちと一緒に汁物を作り、配膳をし、食べ終わるまでそこで共に過ごします。

（中田真裕美）

２ 共に育ちあう子どもたち

1歳児も含めた異年齢児の日々の生活が、ごく普通の当たり前の生活環境として根付いてきています。各おうちの日誌から子どもたちの様子をひろってみます。

（1） 大きい子をまねて、見習って

事例①

5歳児2人がお米とぎをしていると、その様子を見に行ったS（1歳）。大きい子がお当番でつけているエプロンをつけ、お米とぎをする2人の間に入ってじーっと見ている。しばらく見ると、自分でエプロンを片づけてあそびのほうに行った。最近Sは大きい子がしているご飯の準備をするお当番のつもりになってよく遊んでいる。

事例②

1歳児と2歳児でお散歩に行き、田んぼで大豆を拾ったので保育園に持って帰って洗って食べることにした。給食の先生にボールやざるを貸してもらうと、2歳児はとっても張り切ってまめを洗ってくれる。本当にていねいで、T（3歳）はボールで洗っていたが、豆だけ片手で押さえながら水を流して新しい水を入れ何度も洗っているその姿は真剣で、大きい子がお米とぎをしている姿とそっくり。普段から実によく見ているからできるのだろう。

事例③

最近、大きい子の事をよく見ている1歳児。外から部屋に戻って4歳児と5歳児が手を洗っていると、その横で手を洗っていた1歳のYが大きい子のうがいをじっと見て、同じように手に水を貯めて口に運びうがいをしようとしていた。服の袖はびしょびしょになり、水も口に入れるときにはこぼれてしまったが、それでも大きい子の姿をじーっと見て同じようにしていることで満足そうだった。

どんなことでもよく見ている小さな子どもたち。大きい子どものやることはすべて憧れをもって見ています。同じようにしたい気持ちがあふれんばかりで、その気持ちをごっこの世界で

再現したり、同じようにふるまったりして自分のものにしていきます。ある日、4歳児と5歳児の子どもたちがお弁当遠足に行った日、いつも4歳と5歳がやっているご飯の配膳準備と挨拶を、ものの見事にやりきった3歳児達がいました。その顔はやれたという満足感と、大きく育っている自分を実感する自慢げな顔でした。

（2）小さい子に寄り添う、大きい子

事例①

ご飯の前、線路で遊んでいたS（2歳）。ご飯ができたから片づけて食べに行こうと誘うが片づけが嫌で座り込み泣き出した。保育士が「一緒にする？」「みっつだけする？」「ひとつだけでいいし片づけよっか？」といろいろ説得するも「イヤッー」の一点張り。どうしようか困っていると同じグループのZ（4歳）がやって来て「どうしたん？ 片づけよっか」ととてもやさしい声でSに接し、Sが持っていた2つの線路のうちひとつを片づけてくれ、もうひとつをZに渡して片づけてもらい、手をつないで畳の部屋を出て行った。SはZに「服ぬれたー」と甘えるように言い「じゃー着替えよっか」とSを温かく受け入れるZ。

保育士の言動を敏感に察知し、気持ちが硬くなっていたSだが、安心できる大きい子の誘いは、押しつけでなく一緒に片づけをやろうとするもので、Sはそうした大きい子の寄り添い方に安心し気持ちを開き、甘えたくもなったのでしょう。

このように、素直に甘えることができる大きい子どもの存在は、安心して大きく育っていくうえで大切な環境だと思います。

事例②

おやつの時間のこと、R（1歳）が席につこうとしない。それに気づいたS（5歳）は普通に声をかけても駄目と思ったのか、牛乳パックで作った椅子を持ってきて「シュッシュ ポッポ〜！」と言いながら、興味を引いて連れて行こうという作戦に出たようだった。

「Rちゃん、汽車ぽっぽだよ」と声をかけるとRは「きしゃ〜」と喜びすんなり来てくれた。Sの小さい子に対するかかわり方が積極的になっているように感じる。とくに、Rのことがかわいいらしく、どうしたら言うことを聞いてくれるかな？ とRの気持ちを考えながらかかわり方もとてもやさしい。Rの存在がSにとってやさしさやお兄さんらしさを引き出し、S自身心地よい自分を感じられているのではないかと思う。

事例③

A（1歳）が電車をつなげて遊んでいた。そこへD（2歳）が来てAが持っていた電車がほしくなり、取ってしまった。Aは「Aちゃんの！」と主張。それを見ていたR（1歳）が「Aちゃんの！」と言ってDから電車を取り返した。Dはポカーンとしていた。その一連のやりとりを見ていたK（5歳）は「Dチャン、電車貸してほしいのか？」とやさしく聞いてくれ、Aのかごの中から「Aちゃんひとつだけ貸してくれる？ いい？」とやさしく仲立ちをし、Dに「ハイ」と電車をひとつ手渡してくれた。

取られたほうの気持ちに寄り添いがちだが、電車を取ってしまったほうにより添うことができるKのやさしい心に、Dは自分を認められたことに大きな安心感を持ち、Kのことが好きになり、大きい子に対する憧れや信頼がますます強くなっていくのではないかと思います。

(3) 少し大きい子のがまん、思いやり

事例①

泥だんご作りをするT（2歳）とH（1歳）。Tが汲んできた水をほしがるH。「いやっ！」とあげたくない気持ちでいっぱいのT。しかし、少し考えて「ちょっとだけやで」とHに分けてあげた。T自身納得してあげたのでとてもやさしい口調だ。Hは分けてもらえたのがうれしく、傍にいた保育者を振り返りにこっと笑うのだった。

自己主張の激しい2歳児で、最初は譲れない気持ちだったが、いつも一緒にいる自分より小さい子とのかかわりだったこともあってか、小さい子の言うことを間をもって考えることができ「少しなら我慢できる」という自分を制御する力が芽生えてきたのかと思います。こうして自分より小さな子の存在はちょっと大きいお兄さんとしての気持ちを意識させてくれ、間を持たしてくれることもあります。

(4) 見守ることもできる

事例①

1歳のYとKが絵本を持ってソファーに行くと場

びゅんびゅんごまをする4歳児の横で
ひも通しを使って真似る1歳児

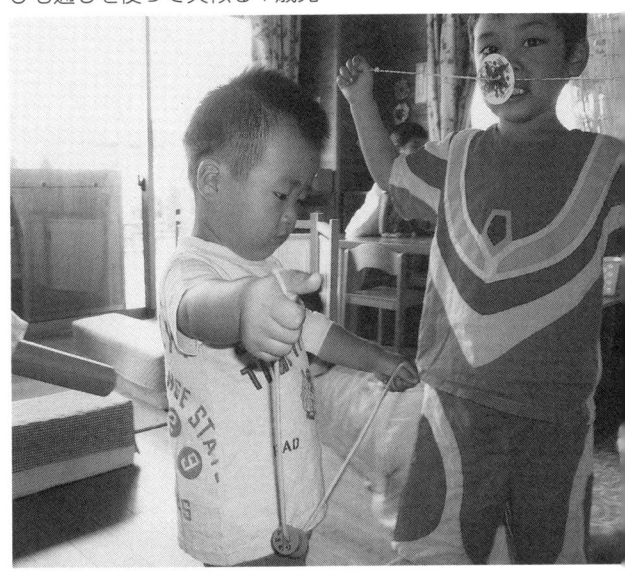

所の取りあいになり、その様子を見ていたK（5歳）は「けんかしてはる……」と小さな声で言い、しばらくじっと見ていた。大好きなYが怒ってKとけんかをしてYの新たな一面を見たかのように少しびっくりのKだった。しばらく2人で押しあいをしてYがズルッとソファーから落ちそうになり、そのまま落ちて本を読み始めけんかは収まった。それを見てKは「あーよかった」とまた小さな声で言ってほっとしていた。

けんかの仲裁に入って白黒をつけるなどの判断をせずに、その場の状況を見て自らの対応を考えることもできる子どもたちです。

事例②

ばばぬきを始めたY（5歳）とN（4歳）。カードを配り、同じ物を出すのにNはゆっくりだがそっと見守るように待っていたY。「自分で」と最後までやりきるN。Yはせっかちになることもなく待ち、Nが自分でやりきろうとするのを受け入れる余裕を持ちカードゲームが成立している。

4歳児に甘える1歳児と2歳児

自分より小さな子の力を受け入れている5歳児。生活のいろいろな場面で「待つ」ことがあります。待ってもらえることで、自分で決め、おしまいができ、安心して次に向かうことができる小さい子どもたちです。

（5）小さい子がいてくれる喜び

事例①

Yはにこにこ笑って何をしてもかわいい存在の1歳児である。5歳児も活動から帰ってくると1歳児の傍により「Yちゃーん、ただいまぁ」と声が変わる。1歳児の存在は、ちょっと頑張ってきた5歳児の気持ちを癒してくれているかのようです。

事例②

夕方、園庭ですねて泣いているS（4歳）。するとその様子に気づいたK（1歳）がSの所へ行き背中をポンッとたたき顔を覗きこみ"どうしたん"といっているようだ。Sはすねた気持ちから立ち直れなかったのに、かわいい小さなKに声をかけてもら

ったことで気持ちの切り替えができ、泣きやんでKの手をつないで一緒に歩き出した。

どうしょうもなく心が落ち込んでいるとき、かわいい小さい子から声をかけられると不思議な力をもらったように立ち直れることもあります。

（6）家族の様に

事例①

5歳児がお泊り保育の日、朝早くバスに乗って山に行き、夕方帰ってきました。帰ってきて一番に戻って行ったところは小さい子どもたちが待ってくれているおうち（クラス）でした。そこには、いつも一緒にいる5歳児が一日中留守で、なにかぽかんと穴が開いたような部屋の雰囲気を感じていた小さな子どもたちが、「おかえり」と待っていてくれました。何日も別れていたような気持ちで「再会」をしている子どもたち。得意げに山で遊んだ話をする5歳児。それを目を真ん丸くしながら必死に聞こうとしている小さな子。ちょっといなかっただけなのにその空白感は大きく、互いの存在の必要性を実感したときでした。

事例②

Y（1歳）の誕生日会をした。みんなから「好きな食べ物は何ですか？」「好きなおもちゃは何ですか？」といろいろな質問が出た。まだ答えられないYなので保育士が「○○か？」と子どもたちに聞き返した。すると「ブブーちがう」「よくおままごとしてやるで」という大きい子ども。同じグループのN（4歳）は「梨好きやで。だってY君、いっぱ

いおかわりしてやったもん」と言った。

　大きい子は、小さな子の日々の変化もよく見ていて、元気になって食欲が増えた様子なども喜びとして報告してくれます。

（7）大きい子の存在は力強い

事例①
　ある日のご飯前、3歳児の2人が「語りの部屋」の壁にクレヨンで描いてしまった。そこへ同じグループの5歳のH君が「ご飯できたよ」と呼びに来てくれたが、ご飯に行ける状態ではない。3歳の2人は雑巾で消していたのだが、Hも雑巾を持ってきて消すのを手伝ってくれる。「こんな消し方では消えへんやん。もっとしっかりこすれ！」「ほんまに悪いと思っている消し方とちがうやん」と叱咤激励しながら一緒に消してくれるH。
　きれいになるまでずいぶん時間がかかりましたが、Hは最後まで一緒にやってくれました（当の3歳児は休憩もありでした）。やっと終えて部屋に戻るとみんなはすでにご飯を終えていました。H君と3歳児の2人は、遅いご飯を何事もなかったようにいつものように食べました。

　5歳児の大きい子は、失敗や悪ふざけに叱ったりしながらも、そのことも含めて受け入れてくれます。小さい子は大きい子に怒られたり助けられたりしながら信頼を寄せたくさんのことを学んでいきます。
　日々一緒に生活をしているからこそ、自分を丸ごと出し、互いの姿を丸ごと受け入れ認めあう関係が育ち、大切な存在として支えあいながら生活を作っている子どもたちです。

（8）人の役に立つ喜び

事例①
　朝、折り紙をしていたA（3歳）。斜めに折ると船の形になり「見て！　船できた」と喜んでいた。そこへT（2歳）が登園してきて、Tの母が「すごいなAチャン、Tちゃん見てみ」と言うとAが「Tちゃん作ってあげようか」と言う。Tは登園してきたところで機嫌も余りよくなくて「ううぅん」と首を横に振っていたが、Aはそれを見ていなくて張り切って折りに行く。でき上がると「Tちゃんのマーク描いてあげて」というので描いてあげると「Tちゃんのマークできたで！」とTの所へ持っていき、「はい」と渡してあげようとするが受け取らないT。すると「Tちゃんいらんの？」とやさしい口調で返すA。少し残念そうな顔をしたAだが、TちゃんがTの代わりにもらってくれるとうれしそうにしていた。それをじっと見ていたU（2歳）。保育者が

小さい子の製作を見守る大きい子たち
「ここに、はるんやで〜」

「U君も作ってほしいの？」とたずねると「うん」とうなずく。それを見ていたAが「Uちゃんのも作ってあげる！」と張り切ってもうひとつ折ってくれた。とても自信満々で満足顔のAであった。

　3月生まれで、まだまだ"自分が自分が""いっぱいがよかったのー"と2歳児のような自己主張もいっぱいのAだが、こんなふうにちょっと小さい友だちとの間で、いっちょまえな自分になっている。

　同年齢での生活だと3月生まれのAは幼いところばかりが目立ってしまうが、1歳～5歳の生活のなかで、このように"自分ってすごい、かっこいい"という自分を感じながら、自己肯定感をふくらませることができるのだと思います。Aの表情は本当に誇らしげでした。

事例②
　3歳児～5歳児で凧作りをする。4歳児、5歳児は作り方を理解し、早々に揚げに行く。3歳児は、どうやったらいいのかとまどっていた。「きらきらさん（5歳児）に聞いてみようか？」と5歳児に頼ってみた。すると5歳児のSが戻り、3歳児4人の凧の紐をひとつずつつけてくれる姿があった。「S兄ちゃんにつけてもらったん？　よかったなぁ」と言うと、3歳児の子どもも「S兄ちゃんにつけてもらった」ととてもうれしそうだった。Sは、役に立て人に喜んでもらえる心地よさを感じられらのではないかと思う。

　5歳のSは、周りのとくに大人の様子を気にする事が多く、大人の目の届いているところでは目立つことは少ないがちょっと離れるところ

ばもきつく、乱暴なふるまいをすることも多くありながら、小さい子に目を向けるのがむずかしかったのですが、日々の生活の積み重ねのなかで小さい子とのかかわりも増え、Sの心の奥にある表に出にくかったやさしさが引き出されるかのように、気持ちにそっと寄り添いかかわってくれることが多くなってきました。自分のことは後にしてでもやってあげ、そのような自分に心地よさを感じているかのようなやさしい顔のSでした。

（9）異年齢でのあそびの広がり

事例①
　朝、K（3歳）と保育士で折り紙を折る。R（3歳）も折り紙の本を見ながら何を折ろうかと考え、「Rちゃんお財布つくりたい。お金も作りたい」と言うと、A（3歳）とT（3歳）も「作りたい‼」と折り紙を持ってやってくる。そのうしろでH（5歳）が飛行機を折っていて、横ではT（4歳）が菊皿を折っていた。財布が折れると「お金も作って！」と言うR。お金を作りながら「このお金で何買いに行くの？」と話していると、Hが「飛行機やったら、Hいっぱい作れるで‼」「作ってあげようか？」と言う。「じゃあお店開けようか!?」「どこで売る」と相談すると、絵本の所へ来て「ここでいいん違う!?」と店を開くことに。

　するとT（4歳）も「これお店に並べていいで」と菊皿を持ってきてくれたり、E（4歳）も「ピアノ！」「これできたで」と持ってきてくれたり、N（3歳）もカメを体験学習の中学生と一緒に作り「できたぁ」とお店に持ってきてくれた。H（5歳）

とT（5歳）が品物を売る人で、A（3歳）とY（3歳）とR（3歳）はお客さんで少し恥ずかしそうに買いに来る。「○○ください」とどんどん買うA。そこへK（2歳）やC（2歳）もやって来てじっと見ている。「お買い物したい？」と聞くと「うん」とうなずく。お金を渡してあげ、「何がほしいですか？　○○や□□も売っていますよ」と言うと「○○！」と買い、品物を受け取りとてもうれしそうな2人だった。

　大きい子と一緒に遊んだり、大きい子の遊んでいる姿をよく見ている小さい子どもたちは、自分のなかにイメージをどんどん広げていく。積み木等も大きい子が作っているものをじっと見て、次の日には同じように積み木を積んで遊んでいたり、大きい子の姿をモデルとして自分のなかにしっかり取り入れてあそびやイメージをどんどんふくらましている。お互いの存在があそびをも広げていく。

　12月の生活発表会では、3歳〜5歳が自分たちでやりたいこと（お店屋さんごっこや劇あそび）を決め、それぞれの力を出しあい仕事を分担しあい、当日、保護者にお客さんになってもらって堂々と発表した子どもたちの晴れやかな姿がありました。

（10）人としての喜びがいっぱいの異年齢での生活

　1歳児も含めた異年齢の日々の生活は、人が育つ当たり前でごく普通の環境であり、その環境のなかで「人としての育ち」を育んでいる子どもたちです。

　見たり真似たり、頼ったり頼られたり、憧れたり憧れられたり、甘えたり甘えられたり、叱ったり叱られたり、教えたり教えられたり、かわいいと思えたりお世話したくなったり、待ってあげたりなど、たくさんの人を思う気持ちがあふれている異年齢の生活です。

　小さい子は大きい子どもたちをあふれんばかりの気持ちで憧れ、大きくなることの意欲を毎日高めています。大きい子は小さい子に頼られることで自分の存在が意識でき「自分ってなかなかいいもんだ」と自分が好きになり、自分を大切にし「自分は自分でいいのだ」と自己を肯定する力へとつながっていきます。そして、その力は人を信頼する力となり、さまざまな人と共に充実した生き方をしていくときの大切な力だと思います。無条件に受け入れてもらい、かわいがってもらうことをたくさん経験した子どもは、自分を率直に出せ、自分らしく振る舞えます。安心して生活を送れることは、自分だけのことを考えるのでなく、周りを受け入れようとする力も育ってきます。

　文句なしのかわいい小さい子のことを、表情や雰囲気から読み取り、考えようとし、一人ひとりの思いを大切にでき、やさしく待つこともできます。また、一緒に遊ぶことで、それぞれが自分の場を意識し、進んであそびを楽しいものにつくっていきます。

　こうして異年齢のかかわりのなかで、友だち一人ひとりの違いやありのままの姿をお互いに受け入れ認めあい、自分らしく力を発揮し、人が好きになり人を信頼する力を育てあい、心の

幅を豊かにすることを毎日の生活のなかで積み重ねています。

大きく揺れながら育つ思春期、青年期を乗り越えていくうえで、自分のことが好きで愛されている実感、人が好きという気持ちを、入幼児期にしっかり培っておくことがとても大切なことだと考えます。　　　（コメント　小山　逸子）

③ 子どもたちに学びながら〜新人保育士の手記

◆辻川智美

　3年目に異年齢クラスの担当になりました。働き始めて3年目でしたが、実際には初めての異年齢保育だったので、1年目のような気持ちでもありました。異年齢のなかでも主に1、2歳児を担当していたので、大きい子との関係づくりには時間がかかり、悩むこともたくさんありました。話をしてもなかなか聞いてくれず、私の思いとは逆方向にいくことばかりでした。今思うと、早く子どもたちとの関係を築いていきたいと焦っていたのだろうと思います。また、異年齢保育もまだまだ課題がいっぱいで、今から考えると、異年齢のかかわりは薄く、子どもたちもどこか落ちつかない状況でした。

　しかし、大きい子たちが変わってきたのは、かわいくて小さい1歳児の存在でした。私が関係を作りにくかった子どもたちは、どこか心が満たされないところがあり、自分の気持ちをうまく表現できない姿も出していましたが、小さい1歳児とのかかわりのなかで、その子どもたちの心が柔らかくなっていくことを実感しました。1歳児の子が飛びついてくると「もーやめてよー」と言いながらもうれしそうで、こうして小さい子に頼られたり甘えられたりすることで、大きい子たちは"自分"の存在をしっかりと感じ、自分のことも大切にしていけるようになるのだろうと思います。

◆小林可奈子

　きたの保育園に就職してから3年間、0歳児担任をしてきました。そして、4年目にして異年齢クラスの担任になりました。

　異年齢保育をしていて驚いたのは、大きい子が小さい子を「見る目」を保育者と同じように、もしくはそれ以上に柔らかい目で養っていくところです。小さい子の気持ちを読み取ろうとする観察力は素晴らしく、それが共に生活するなかで力になっていくのです。自我が芽生えてイヤイヤが強くなっていくときも、普段一緒に生活して、何が好きなのか、どんなときに笑っているのかなど知りつくしているから、どうやったら気持ちを向けてくれるかを考え、気持ちを受け止め、間をもってゆったりと広い心で急かさず待ってかかわるのです。見ていて感動し、時々私自身がはっとすることさえあります。

　大家族のようにさまざまな友だちとひとつ屋根の下で過ごす中で知りえていき、見方も多様になり、心も柔軟になるのではないでしょうか。そんないろんな人と生活を共にすることの意味を子どもたちに教えられた気がします。そして、私も子どもと同じように柔らかな心で子どもた

ちとかかわっていくことを大切にしていきたいです。そして、笑ったり、怒ったり、泣いたりのいろんな子どもたちの顔と出合い、毎日楽しく保育していきたいと思います。

◆八木翔子

　1年目。新しい園舎、子どもたち、保護者で、何もかもが初めての出会いで、すべてにおいて慣れることに精一杯。毎日、悩みは尽きず慌ただしい日々でした。2年目からは、別のおうちの担任になり、また新たなスタートになりました。友だち関係に悩む4、5歳児。どこか心に余裕がなく、なかよしを求める姿。そんな状態で、異年齢保育をさらに充実させていくことに不安で、私自身迷いがありました。

　でも、ちょうど秋の運動会が終わったころ、大きい子のなかに変化が出てきて、小さい子に目を向けられるようになったのです。「おかわりいれて～」と5歳児を求める1歳児。そう頼られたことに、うれしくて恥ずかしくて、「なんで僕なん～？」と照れ笑いをする5歳児。また、私が1、2歳児を寝かせていると「トントンしたい～」とやってきた4歳児の女の子。そのころから、お世話をしてあげること、頼られることで小さい子がかわいいと感じるようになったようでした。

　それまでは、いつもアンテナを張っていた4、5歳児でしたが、運動会という満足したあそびがあり、心に余裕ができたのだと思いました。あそびが満たされ、生き生きと生活するなかで、少しずつ柔らかな心が生まれ異年齢集団の土台ができていくのを感じました。

　お世話をすることだけが異年齢保育ではないと思います。1歳から5歳までが一緒に過ごす毎日。お互いのことを本当によく知りあっています。毎日一緒にいるからこそ、年齢を超えた安心できる存在があるのだなと感じました。大きい子に甘えたり、小さい子の笑顔に癒されたり、ときには1、2歳児の自我を受け入れてくれる4、5歳児の姿もありました。1、2歳児からすると、『待っていてくれる安心感』があり、『こんな自分をわかってくれる喜び』が生まれるのではないかと思いました。

　また、大きい子を見て、大きくなりたい気持ちを胸いっぱいに膨らませている小さい子。「もうおにいちゃんだから」と、「できるぞ！」という自信でいっぱいの2歳児もいます。

　大きい子は、異年齢のなかでさまざまな友だちとかかわるなかで、多面的に物事や友だちを見て、感じ、受け入れる力につながっていくのではないかと思いました。それは5歳児だけの活動のときに、全員が一人ひとりの意見を大切にし、柔軟に物事を考えながら、全員が納得してひとつのことに向かっていく姿を見て、異年齢で培った力が発揮され、集団の力にもつながっているのだと感じました。

　そんな、柔軟な気持ちを持ちながら人とかかわることが大好きな子どもたち。1、2歳児の自我に寄り添う4、5歳児を見て、急がせず、もっとゆったりとこの自我に寄り添い、向きあう大切さを学び、柔らかな気持ちで子どもたちとかかわっていきたいと思いました。

●きたの保育園実践報告へのコメント

　きたの保育園の実践は、1歳から5歳までの異年齢保育を前提として建てられた園舎をもつ新設園で、誰も異年齢保育の経験がなく、かつほとんどが新卒者で出発しました。保育者たちに保育経験がなかったことは、既存の保育にとらわれずに新しい保育に取り組めたという点ではむしろ有利だったかもしれません。それぞれの「おうち」の自主性が尊重されていて、交流し学びあうというスタイルのなかで、保育者自身が真に納得しながら、一歩一歩あるいはそうとう大胆に保育を変えてきたのではないかと思います。

◆発達と保育のとらえ直し

　当初は年齢別保育にとらわれていた面があり、そこから保育形態や内容を変えていった経緯を書いていただきました。保育士さんたちは、年齢別の発達段階について書物で学び、目の前の子どもたちの姿と異なる記述にとまどうこともみられました。しかし、たくさんの事例記録でわかるように、むしろその新たな"子ども発見"に異年齢保育実践の醍醐味を感じ、確信につながっていったようです。

　とくに印象深い事例は、かかわりあいが難しい子を含めた年長児集団での取り組みで、子どもたちが優れた調整力を発揮したことです。さまざまな発達段階の子や個性を持つ子と親密にかかわり培ってきた力は、同年齢集団の「集団づくり」を経なくても身に付いていき、ある意味それ以上のレベルに達するのではないかという発見でした。

◆1歳児がいればこそ

　ほとんどが新卒者で1歳児からの異年齢保育を実施するのは、一見無謀とも思われる取り組みかもしれません。しかし、保育者の手記で誰もが述べているように、「1歳児がいるから大変」ではなく、むしろ1歳児がいればこそ、4、5歳児が「柔らかく」なり、それを見た保育者自身「柔らかく」なり、異年齢保育実践の手応えをしっかりと感じ取れたようです。

　以前、1歳児からの異年齢保育で"先輩格"であるこぐま保育園の保育

者が、「異年齢保育成功のポイントは何か」と問われた際に、「1歳児と5歳児がいること」と応えていましたが、きたの保育園の実践でも1歳児の存在の大きさや意味が見えてきたように思います。

◆「食」を中心に据えた暮らし

　きたの保育園では、調理室を中心にして「食」の取り組みが熱心に行われています（『ちいさいなかま』2008年2月号「食べること大好き！　みんなで食卓を囲んで」参照）。今回の報告には詳しく書かれてはいませんが、事例でもそれを垣間見ることができます。「食」を中心に据えた暮らしは、異年齢保育の面でも実践展開の重要なポイントでした。年齢別保育を重視して、食事の時間もバラバラになっていたところから、異年齢の生活グループで食卓を囲むようになったころに、きたのの保育の基本的なスタイルができたと言えるでしょう。

◆環境構成

　きたの保育園の園舎は、1歳からの異年齢保育を前提として建てられました。しかし、どういう保育を展開するのか、保育者自身の具体的な実践構想のもとに設計されたわけではありません。つまり、「おうち」は、食堂、寝室、あそびの部屋に分かれていますが、1歳から5歳児が、それぞれの必要に沿って、いつ、どこで、どのように活動するのか、休息するのか、細かく想定した作りにはなっていないのです。

　実際、何年間も実践全体が試行錯誤をしていたわけで、それぞれの「おうち」で、スペースの使い方や遊具の選択・配置等、かなり大規模な「模様替え」を繰り返してきたそうです。近年は、みんながじっくり遊び込める環境づくりが課題のようです。

◆おとなが勝手に境界線を引かない

　開園（異年齢保育に取り組んで）から7年目のきたの保育園は、2歳児と3歳児の間に引いていた「見えない境界線を取り除く」と宣言しています。「子どもたちの姿をよく見て、一人ひとりに寄り添う」とよく言われますが、それを真に実践する職員集団が、この先どう保育を発展させていくのか期待がふくらみます。

（林　若子）

第4章 異年齢でのごっこあそびの発展

かわらまち夜間保育園

① 3、4、5歳の異年齢保育に移行するまで

◆園の概要

　かわらまち夜間保育園は、1989年に共同保育所から夜間保育園として認可を受けた園です。名古屋市中区に位置し、定員は、産休明け〜就学前まで30名でスタートし、2002年に45名に増員しました。

　開園時間は、朝7：00〜深夜1：00までで、保育時間は、父母の労働時間にあわせながら決めていくので、毎日長時間保育となる子や日によって延長保育となる子やほぼ毎日午後から登園して夜中までとなる子など、さまざまです。

　保育の特徴は、次のようなことがあげられます。
①ゼロ歳〜5歳児45名定員の小さな集団である。
②そのため年齢別の保育は難しい。
③ほとんどの子がかなりの長時間保育となる。
④登園時間、降園時間がさまざまで個々に違う保育時間という中で保育づくりが求められる。
⑤家庭の状況もさまざまで、できるかぎり個々への対応、柔軟な保育が必要とされている。

◆異年齢保育をはじめたいきさつ

　2002年度より定員増するにあたり、保育の見直しをしました。そのころ保育のなかで、次のような子どもたちのちょっと気になる姿や保育のやりにくさも感じていました。
・幼児でも大人にばかり"あそぼあそぼ"と求める姿。
・何かにつまずいたとき、自分で立ち直れなかったり、立ち直るのにすごく長くかかる。
・トラブルがとっても激しくなっている。

　また、同じ発達段階で同じような要求の子が狭い保育室のなかにいて、かみつきなどのトラブルが続いてしまうのは無理もないのではないか、朝早い子とゆっくり来る子と生活リズムがずいぶん違う子が一緒に生活する中では気持ちのズレも生じてあたりまえじゃないか、などの意見が出ました。

　そこで、夜間は必然的に異年齢の保育になるのですが、昼間も1歳〜5歳の異年齢クラスにしてはどうかと検討しました。そうすれば次のようなことができるのではないかと話しあいました。
①もっと多様で豊かな人間関係がくり広げられるのではないか。
②食べる、寝る、遊ぶ部屋が確保できて、1つの空間で食べるために片づけて食べたあと片づけて、遊んで片づけてというようなこまぎ

れの生活ではなく、ゆったりすごせ、じっくり遊びこめるようになるのではないか。
③小さい子は大きい子を見ながら育っていく。
④保育時間にあわせたクラス構成ができる。
⑤異年齢のなかでの当番は、ほんとの意味で人の役に立つ活動が保障され、大きい子たちが自信をもって生活できるのではないか。
⑥保育計画を立てるのは大変になると思うが、園全体の子どもたちをみんなで見ていくチームワークの保育がつくれるのではないか。
⑦きょうだいのようなけんかもするけど、主張しあいながら相手を思いやる関係ができるのではないか、そうやってけんかをすることは大事なことだけど、同じような発達段階の子が一緒にいることによるしなくてもすむトラブルが減らせるのではないか。
⑧父母も5歳児の姿まで見通しながら、子育てができるのではないか。

しかし、一気に1～5歳にするには、施設面や職員体制や幼児の集団づくりや、乳児の大人との信頼関係づくりなどの不安もあったので、1～5歳児の異年齢保育を見越しながら、次のようなクラス構成にしました（食堂を増築）。

＜30名定員のとき＞	＜45名定員になって＞
0歳児クラス	0歳児クラス
1歳児クラス	1,2歳児クラス
2,3歳児クラス	3,4,5歳児クラス
4,5歳児クラス	

当初からの2、3歳の異年齢クラスは、まだまだ大人と1対1の関係を大事にしたい乳児と、"オレタチワタシタチの世界"をつくっていく幼児が一緒にいる状況で、保育のやりにくさを毎年総括していました。それで、2歳と3歳は分けたいと考え、1、2歳クラス、3～5歳クラスとしました。2001年度は翌年を見越して、意識的に年齢別で過ごす時間を設定したり、3、4、5歳児で遊ぶ機会を増やしました。

② 3～5歳の異年齢保育の試行錯誤

（1） 1年目の保育

いよいよ、3歳児（にじグループ）、4歳児（ほしグループ）、5歳児（たいようグループ）全員で24人の異年齢保育が始まりました。

3歳児は、はじめての3～5歳のクラスなので、はじめのうちは3歳児だけで過ごせるようにし、慣れてきたところで合同にしていきました。異年齢といってもみんな一緒では人数が多すぎて、自分の力を発揮しにくいと考え、秋からは12人ずつの2つのグループ（いちごチーム・すいかチーム）に分けて、生活・あそびをつくっていくことにしました。少人数だとお互いが見えやすく、うまく力を出しあう姿が見えてきました。たとえば、チーム別にとりくんだクリスマス会（劇などのだしもの 12月）やお店屋さんごっこ（2月）では、年齢の違いやお互いのできることを受けとめて、どうしたらうまくいくか考えあったりする姿が見られました。

さまざまにぶつかりあい、かかわりあってくる中で、違いや立場がわかってきて、自分たち

が楽しむために、本音でぶつかるというより、ちょっと遠慮しながらやっぱり言いたいことは言うというような関係が生まれてきました。

（2） 2年目の保育－異年齢2グループに分ける

前年度の担任が退職し、子どもたちとあまりなじみのない保育者や幼児保育がはじめての保育者が担任となったことや、途中入園児を含め27人と人数が増えたことなどによってか、非常に落ち着かないスタートでした。そんな状況を何とかしようと、早いうちからたてわりのグループ（赤忍グループ、青忍グループ）をつくり、おとなとの信頼関係や友だち関係を深めていきました。そのさい子どもの保育時間を考慮したグループ分けをし、時間差の散歩や取り組みを保障してきました。とくに夜間の多い子ども同士、早朝登園の子ども同士の関係を深めることができました。異年齢集団を小集団にしたことによって保育者も一人ひとりに目が届き、安心感がもてたのではないかと思います。

しかし、グループ分けはしたものの保育体制や施設条件上全員一緒に過ごすことが多く、たてわりの2グループの活動も年齢別の活動も一年の流れや全体の保育にあまり絡まず、どちらもその日その日のぶつぎれの保育のような状態になっていました。

生活の基本は異年齢で、異年齢では難しい活動は年齢別でという組み方が、一年を通して一貫してあることが大事ではないかと話しあいました。

（3） 3年目の保育－2クラスに分ける

前年度までは1クラスの編成で、なにかと生活も落ち着きのないものでした。
◎朝の園生活のスタートが違うことにより、朝の集まり前までのあそびの度合いで、気持ちの切り替えがスムーズにできない子どもの姿がある。
◎午前中に子どもが揃わずクラスのなかであそびがつながりにくい。
◎夜の生活での経験や出来事が、夕方までの生活の子どもたちには分からず共感しづらい。

以上のような子どもたちの姿から、ゆとりを持って生活できるように異年齢のクラスをより小集団にすることを考え、2004年度より18人ずつの2クラス（すずらん組、すみれ組）に分けることにしました。そのさい、保育時間によってクラスを編成することを試みてみました。

そうしたことで、同じような時間帯で園生活を共有するので共感が持ちやすく、登降園の時

すずらん組	すみれ組	
5歳児	5歳児	たいようグループ
4歳児	4歳児	ほしグループ
3歳児	3歳児	にじグループ

（朝早い登園の子が多いクラス）　（夜間におよぶ子が多いクラス）

間差による不安が少なくなってきました。子どもにとって"自分のクラス""自分の生活の場"としてわかりやすく、大人も子どもも見通しが持ちやすかったのか、日々ザワザワ・ガヤガヤ感のあった幼児クラスの生活が、多少落ち着いてきました。

　この年度は2クラスに分かれたことを子どもたちに定着させるため、あまり2クラスを交流させず、すずらん組は「空想の世界を楽しむ」、すみれ組は「お店屋やさんごっこを楽しむ」というようにそれぞれが、独自にクラス運営してきました。その次の年度からは、2クラスではほぼ同じような活動内容を設定し、合同の取り組みも増やしていきました。

　それまで一緒に生活してきた4、5歳児が、まずは2クラスに分かれたことがわかってきてから、3歳児を受け入れたかったので、4、5月は3歳児のみで過ごしました。そうすることで、3歳児が新しいフロアでの生活に慣れやすく、スムーズに異年齢クラスに入っていけました。

　しかし一方で、お店屋さんごっこなどのクラスの取り組みが始まっている中での合流となったので、3歳児も一緒に入った取り組みをどのようにしていくかで頭を悩ました側面もありました。3歳児自身も、クラスに分かれることが理解しづらかったと思います。進級前より2歳児と幼児との交流を深め、4月当初より異年齢クラスにスムーズに入っていけるような関係づくりを意図的にしていったほうがいいと総括しました。

③ みんなが楽しめ絆を深めるお店屋さんごっこの取り組み～3年目すみれ組の実践

　すみれ組は、登園時間が遅く保育時間が夜から深夜に及ぶ子どもたちが多く、どの子も超長時間の保育を必要とし「夕食～お風呂～夜のあそび～就寝」までの生活を、毎日共にしている子どもたちのクラスです。長時間保育園で過ごすので、一人ひとりの子どもたちが無理なく安心して生活できるように、午後からの生活を中心に一日の流れをゆったりしていきたいと思いました。

　また、異年齢でもみんながひとつになれるようなあそびをしたいと思い、異年齢の集団あそびを充実させていく中で仲間との絆を深めていくことを課題としました。

（1）やりたいお店を選んで

　4月から、子どもたちはお店屋さんごっこをしたり、4、5歳児の女の子を中心によく紙製作でいろいろなものを作ったりして楽しんでいました。ある日の朝、すみれ組の部屋では3、4歳児が『あめ』『ぱん』『すし』『レストラン』『絵本』のお店屋さんになり、「いらっしゃいませ～、いらっしゃいませ～」と大きな声が響きあっていました。

　別のあそびをしていた5歳児たちや、登園し

てくる子も次々にお客さんになり、楽しい雰囲気。そんな中で、クラスで子どもたちの発想を大切にしながらいろいろなものを作り、それをお店屋さんとして売ることを楽しめたらいいなと思いました。

◆お店屋さんごっこ　その1　6月22日

どんなお店屋さんをやろうかとクラスで話しあった結果、『おこのみやき』『みたらしだんご』『ネックレス』『おもちゃ』の4つのお店屋さんを3〜5歳児混合でやるということになりました。売るものも廃材などを使ってみんなで分担して作り、それぞれやりたいお店を選んで売ることになりました。

さて開店の日、たいようさん（5歳児）たちの呼びこみの声を真似ながら、にじさん（3歳児）たちの呼びこむ声も元気いっぱい。おもちゃやネックレスはあっという間に品切れ、みたらし屋さんはお客さんの列がずらりと並んでいました。すみれ組の部屋はお客さんで賑わい、子どもたちも大ハリキリでした。

お店屋さんを終えて「たくさん来てくれて楽しかった」とみんなが満足したわけではありませんでした。「かのんちゃん（4歳　障害児）が、ビックリ箱売り切れで、買えなくてかわいそうだった」（すかさず）「かずみ作ってあげるー」「売るものがなくなっちゃった」「かおりのネックレス屋も、ひもがからんで売れなくて終わっちゃたぁ」「もっといっぱい作ればよかった」「今度100個作ればいい。みんなでがんばればつくれるよ」と、5歳児はほしいものが買えなかった子の気持ちを汲んで悔しがっていました。「今度はじゃあいっぱい作ろう！」と、5歳児と共に気持ちをひとつにしました。

[この日のお店屋さんの担当]

みたらしだんご
ひろたかくん⑤
こういちろうくん③
ふみやくん③
けいたつくん③

おこのみやき
ひろみちゃん④
ゆうこちゃん③
つかさくん④
なおちゃん③

おもちゃ
さとしくん⑤
かずみちゃん⑤
たつひとくん④
むつきくん③
のりくん④

ネックレス
かおりちゃん⑤
きよこちゃん③
あかりちゃん③

この日、すずらん組の子どもたちがお客さんになって来てくれ、これまであまりお店屋さんごっこをしていなかったような5歳児の子どもたちも、張り切ってお店屋さんをやり、「またやりたい」と意欲が高まっていきました。

その後、夏祭りを体験した子どもたちは、自由あそびのなかでも『みたらし・フランク・ジュースやさん』などの食べ物屋さんや『金魚すく

い』の再現あそびを繰り広げていました。

◆お店屋さんごっこ　その2　8月30日

　やりたいものを2人ずつくらいで、アイスクリーム、やきそば、金魚すくい、くじびき、ラムネ・ジュース、わたがし、わなげ、おもちゃつりに分かれ楽しみました。子どもたちからの提案で、BGMとして最初から店じまいまで盆踊りの曲を流すことになりました。お客さんがいないときは、のり君（4歳）、あかりちゃん（3歳）を中心にいつも踊って楽しそう……。その雰囲気が、ますます全体を楽しい、賑やかな雰囲気にしていました。

　3歳児2人の"わたがしやさん"はちょっぴり緊張気味で、チケットをもらったり、売り物を渡したり、楽しそうというより"真剣そのもの"といった感じでした。ふみや君（3歳）とさとし君（5歳）がペアを組んだ"やきそば屋さん"は、お客さんがいったん引いたところで、ふみや君が他のお店を見に行ってしまい、その間にお客さんが来たときはさとし君1人になってしまいました。「さとし大変になった。あせった。ひとりになっちゃったもん。でもがんばったよ」と後から話してくれました。「金魚すくいは、つかさ（4歳）と決めていたわけじゃないけど、やることわけてやったー」とひろたか君（5歳）。

　このときもすずらん組がお客さんになって来てくれ、楽しかったのですが、ちょっと大変な体験をした子どももいました。その後、運動会の取り組みを通して、5歳児はより集団的な力をつけ、3、4歳児をより理解し小さい子に目を向けるようになっていきます。そこで、運動会後はクラスのなかに異年齢の生活グループ（チーム）をつくって、そのグループで一緒に食事をしたりして過ごすようにしました。そして、秋には（11月8日）すずらん組と合同でお店屋さんごっこをしました。そのときは、おやつの時間に、年齢ごとで手作りおやつのお店屋さんにしました。

（2）異年齢の生活グループ（チーム）で取り組む

◆お店屋さんごっこ　その3　12月9日

　今回は、2歳児の子たちにも買いに来てもらいたいと、準備を進めてきました。

　運動会後につくった4つの生活グループごとで話しあい、売るものを決めました。

　5歳児の力が発揮されることをねらったお店屋さんごっこでした。

[この日のお店屋さんの担当]

かおり⑤チーム	ひろたか⑤チーム
（花屋）	（ノート屋）
のりくん④	ゆうこちゃん④
きよこちゃん③	なおちゃん③
こういちろうくん③	ふみやくん③

さとし⑤チーム	かずみ⑤チーム
（自転車屋）	（かばん屋）
ひろみちゃん④	たつひとくん④
つかさくん④	むつきくん③
けいたつくん③	あかりちゃん③

　花屋とノート屋のチームは、すぐに決まりましたが、自動車屋とかばん屋のチームは、売りたいものが一致せず、なかなか決まりません。話しあいを進

めて、最後は、かばん屋じゃなく花屋にどうしてもなりたいと言いはるあかりちゃん（3歳）に、どうしたらいいのか考え込んでいました。

もう話しあいの時間もかなり延長していて、限界だと思ったので「よし！　明日また話しあって決めよう！」と声をかけました。その後、それぞれに散らばってあそびだすのかと思っていたら、かおりちゃん（5歳）が、あかりちゃんを呼び止め、「あかり！　お花作ってかばんにくっつけたらいいんじゃない？　かわいいよ」と説得しています。「うーん、そうする！」と答えたあかりちゃん。かおりちゃんはうれしそうに私に報告。「あかりちゃんかばん屋になってくれるの？」とすぐに尋ねると、「うん！いいよ！」と明るい声が返ってきました。

さすがにかおりちゃん、年下の子の面倒見のよさが光っていて頼もしい姿に感動しました。本当は花屋をやりたかったかずみちゃん（5歳）は「みんなのやりたいのでいいよ」と言ってあげていました。

さて、売るものが決まり、次は品物作りです。どのチームからもみんなで作りたいというので、花とノートがたくさんできたら次に自動車とかばん作りしようということになりました。

花作りは、チューリップとバラで3、4、5歳別々に。かばん、自動車、ノートは、タイヤをつける人、窓をつける人、ホッチキスで留める人、テープを貼る人等と役割分担で作り、開店までに全部で85個の品物ができました。子どもたちもびっくり仰天。準備もばっちり。これまでのお店屋さんよりもさらに品数も増えて、場所も広くなり、買い物客も多くなるのを期待して、今まで以上にワクワクしているお店屋さんたちでした。そしていよいよ開店です。

「いらっしゃいませ！　どれがいいですか？」「券ください」「はい！　おつりです」「まもなく売り切れます！　早いもんがちですよ！」と大声が響きます。声かけも積極的。品物を渡す人、券をもらう人、声をかける人、なんと5歳児中心にちゃんと役割分担が私の知らないうちにできていて本当に驚きました。

お店屋さんを終えて、2歳児クラスのたんぽぽさんを引率した職員に「すごいね。ステキなものたくさん作ってくれて、たんぽぽさんとても楽しかったよ」（たんぽぽさんと一緒に）「ありがとう！」と言ってもらえ、品物全部完売に大満足の子どもたちでした。

5歳児は、保育者が言わなくても、グループで一緒に楽しむためにどうしたらよいか考え、小さい子の意見もきちんと聞いて折衷案を出したり、自分に折りあいをつけたり、役割分担の中心になったりしており、成長を感じました。

夜まで一緒に過ごす子どもたちならではの生活。ともに夕食・お風呂・夜のあそび、そして就寝。長く一緒に生活を共にすることで、共感関係が深まり、お互いに認めあう関係になってきているという面が多分にあります。

そのなかで、夕方のあそびからお店屋さんごっこの取り組みを通して、年齢の違いはあるけれど異年齢でも自然にかかわりあい、刺激しあってみんなで楽しめるあそびとなったことを実感しました。あそびのなかで、3歳児だから大目に見てやるという姿もあれば、3歳児同士のほうが集中して遊べる姿があったり"にじさん（3歳児）もここまでやれるんだ"と4、5歳

68

児が認めたりする姿もありました。
　異年齢でやってきたことで、はじめは自分のことで精一杯だった５歳児が、小さい子を気遣う姿などもあり、年齢の違いも理解しあい、年齢を超えた仲間関係が広がってきたと思います。

４ 異年齢での話しあいを通してのお店屋さんごっこ〜４年目すずらん組の実践

（１）４年目の保育の体制

　2005年度、３、４、５歳児の幼児クラスを２つに分けての保育２年目となりました。異年齢の生活と年齢別の活動のバランスを細かく考えたカリキュラムを立ててみました。とくに課題でもあった５歳児の年齢別取り組みを月・火と入れ、今日から明日へつなぐ活動を保障できました。
　年齢別の活動と異年齢の生活がうまく絡みあうというところではまだまだ課題で、どっちつかずという面も感じました。異年齢の生活を大事にし、そのなかで年齢別の課題に意図的にとりくんでいったほうが子どもたちの生活や気持ちにぴったりくるのではないかと話しあいました。後半は３、４、５歳児のたての関係の取り組みを強めました。そんな中で、
①自分の気持ちがはっきり言えない子の気持ちを引き出したり、とにかく自分の意見を言いはる子の気持ちをくんだりと、年齢幅の広いメンバーでの話しあいや活動のなかで、５歳児は５歳だけで過ごす場合より、さらに力量や豊かさがみがかれていく姿
②あそびや話しあいなどが自然に伝授されていく姿
③５歳児にやってもらうという関係ではなく、３歳児も４歳児もその年齢なりの力を発揮する姿
④異年齢の生活のなかでも発達要求みたいなものはちゃんとあって、特別に年齢別の活動を組まなくても、あそびによっては自然に年齢別にかたまって遊ぶ姿
⑤大きい子に甘えながら自分を発揮していく３歳児の姿
などがあり、これぞ異年齢保育の成果と感じる場面が多々ありました。

　前年度のすみれ組の実践から、異年齢の活動として３、４、５歳各年齢の子どもの活躍の場ともなるし、年齢の違いをうまくカバーしあいながら遊べるお店屋さんごっこを、ひき続き行うことにしました。関係が深まってくる秋に両クラスに取り入れました。

（２）異年齢グループ（チーム）での話しあい

　Ⅰ期Ⅱ期は異年齢の生活に慣れながら年齢別取り組みを強めてきましたが、運動会後は、クラスのなかに３、４、５歳のたてわりグループをつくり、グループ（チーム）の取り組みを中心にクラスの絆を深めてきました。

グループの名前決めから、3、4、5歳という年齢の違いのある話しあいは難航しました。ここではやはり5歳児の力が際だちました。5歳児だけの話しあいも、それはそれで相手の意見を取り入れながら自分の意見を組み立てていきますが、3、4、5歳となるとまだ自分の気持ちがはっきり言えない子の気持ちをくんであげたり、話がとんでもないところにズレてしまったら軌道修正もしなければなりません。しかし、自分の意見をひたすら言い張る子もいます。

◆チームの名前決め
　11月8日　午前
　今日から新しいグループでの生活がはじまりました。たてわりチーム（年齢別をグループと呼んでいるので、たてわりのグループはチームと呼ぶようにしました）の単位でごはんを食べたり、取り組みをしたりということがはじまります。すずらんぐみ16人を8人ずつの2チームに分けました。①チームの子たちはロボットチームという名前が決まりましたが、②チームの子たちは決まらず、宿題になってしまいました。
　さて②チームさんの話しあい、またまた簡単には決まりませんでした。
　まずいろいろ出しあって、乗り物かムシのどちらかにしようということで、乗り物だったら、ヒコーキかバイク、ムシだったら、カブトかクワガタで一人ひとり自分のいいのを話し、どちらが多かったのか発表。
　乗り物だったらヒコーキが多く、ムシだったらクワガタ、どちらがいいか聞いてみると、ヒコーキとクワガタ4対4で同数。さあ困った。どっちでもい

いよと言ってくれる子もいたのですが、クワガタの子たちがなかなかゆずれません。そこで、どうしてそっちがいいのか聞いてみると、それぞれ理由を主張します。
保：みんなの気持ち聞いて変わってもいいっていう子いないかなぁ、けん君（5歳）はいいよって言ってくれたんだけど。
　かんた君（4歳）はどうしてもクワガタがいいと一歩もひきません。
　どうしたらいいかなぁと困っていたら、
けん：あのさぁ、さっきムシだったらどっちにするか決めたとき、ほんとはけんとはると（5歳）とかんたはカブトがよかったんだけど、クワガタのほうが多くてカブトはあきらめてクワガタにしたんだわぁ。だからさっきもがまんしたのに、またクワガタが消されちゃうのは嫌なんじゃない？
　かんた君がそうだと言います。
　そのことをみんなに話して聞いてみると、じゃあクワガタでもいいよということに。だったら、もう一度クワガタかカブトどっちがいいかみんなで決めようよといって、カブトに決まりました。はると君、けん君、かんた君は最初に出したものに決まってルンルン。

　こうしてチームの名前が決まった後、すずらん組、すみれ組の2クラス合同で取り組む11月19日のお店屋さんごっこに向けて話しあいも行いました。

◆もうひとつの話しあいーお店決め
　11月8日　昼食後

お店屋さんごっこのとき何屋さんになるか話しあいました。

ロボットチームは、みつお君（5歳）はおりがみ屋さんで他の子はおもちゃ屋さんがいいということで、「だったらおもちゃ屋さんのなかにおりがみ屋さんがあるっていうのでいいんじゃない？」と決まりました。ビックリばこ、ロボットなどを売り、さかなつりをするコーナーも作ると話しています。

カブトチームは、"きーまった"と元気よく声がとんだので聞きにいくと、けん君（5歳）とりゅうや君（3歳）とくるみちゃん（3歳）とまさと君（3歳）は、ビー玉、スーパーボール屋さん、じょう君（4歳）とかんた君（4歳）はゲーム屋さん、はると君（5歳）としのぶちゃん（4歳）はやきそば屋さん、とのこと。

保：ウーンそうじゃなくって、このチームでひとつのお店を決めるんだよ。

と言って話し直したのですが、ここでも自分の言ったのがしたいと言い張るばかりで決まりません。

保：こまったね。どうしたら決まるんだろうね。

けん：わかった。チームの名前決めたとき、かぶとがいいって言ってかぶとにしてもらえた子はがまんすれば。

はると君、かんた君もそれでいいと。

しのぶちゃんがどうしてもたべもの屋さんがいいって言っていましたが、

保：やきそば屋さんじゃなかったら何がいいの？

と聞いてみると、

しのぶ：でんわ屋さん。

そうしたらみんなが「それいい、それいい」となり、スーパーボールつりとでんわ屋さんということに決まりました。

けん君は5歳児のあつまりのなかではなかなか自分の意見を出せない子で、逆にはると君はとにかく自分の主張をするというタイプです。異年齢のなかではけん君はめんどう見もよく、小さい子から慕われていました。異年齢での話しあいでは意外にもけん君が話をリードしていました。

多数決で決まりそうになったとき、けん君は思いが通らなくて悲しくなっている4歳児の立場に立ち「オレかんた（4歳）の気持ちわかるよ」と、主張するばかりで思いがうまく話せないかんた君の気持ちを代弁してくれて、みんなが納得をして気持ちよく決めることができました。そして、だからといっていつもいつも主張を受けとめるわけでもなく、「今度はかんたやオレたちががまんしよう」と言ってくれて話がまとまる。

こんなふうに微妙な心の動きをわかりあって話しあえるってすてきだなあと思いました。こうやって、話しあいをリードできたことに自信をもったけん君ですが、その後の話しあいでは、はると君（5歳）から気づかされる場面もありました。

◆店番とお客さんどっちを先に？
11月18日

今日はお店屋さんの準備です。看板を作る前に、半分ずつで店番をする人とお客さんになる人を決めて、お店屋さんをやるときとお客さんになるときを決めました。

<ロボットチーム>

たいようグループ（5歳）ばっかり、にじグルー

プ（3歳）ばっかりにならないように、まず「たいようだけでじゃんけんしたら」とようだい君（4歳）が提案してじゃんけんしたのですが、負けたみつお君（5歳）が「オレ負けてもやっぱお客さん先がいい」と言ってもめていました。どうしてどうしても先がいいのか聞いてみると、
みつお：だって先に行きたいもん。
保：ウ〜ンじゃあひろし君はどうして？
ひろし（5歳）：オレはあとからお客さんしたほうがつかれなくていいと思う。
保：えっ？　じゃあみつお君が先でひろし君が後でちょうどいいんじゃないの？
ひろし：だってようだいがじゃんけんしてって言ったんだもん。
ようだい：ロボットってグループ決めたときもおとうばん決めたときもじゃんけんしてうまく決めれたからそれがいいと思ったんだもん。
保：そうかそうか、でもまず、どう思ってるかってこと先に聞いたほうがいいんじゃない？
ということでやり直し。
　にじグループのこのはちゃんもえいすけ君も先にお客さんがいいって言ったけど、まあいいだろうということになり、決まりました。
〈かぶとチーム〉
けん（5歳）：じゃんけんで決めよ。
はると（5歳）：じゃんけんは嫌だ。
けん：じゃあえべすさんで決めよ！　どっちどっちえーべすさん。
はると：嫌だあ　なんでいっつもけんのいうことばっか聞かないかんの？
けん：だって、じゃんけん嫌っていうから、えーべ

すさんで。
はると：だからなんでけんのいうこと聞かないかんの？　じゃんけんもえーべすさんも嫌なの。
けん：じゃあどうやって決めるの？
はると：だからみんなで話せばいいじゃん
　もう2人ともけんかごし。それでもまだずっとどうやって決めるかっていうことの言いあいばかりしているので、
保：決め方を決める前に、みんながどっちがいいか一人ひとり聞いたら？
とアドバイスして決め直しました。

　いっぱい、いっぱい主張してきたはると君（5歳）は、こんな話しあいを通してただ自分の思いを言い張るだけではなくて、この話しあい方はおかしいと感じ思いをぶつけ、集団のなかに一歩ふみこんできたけん君（5歳）もそのことに気づかされていく様子がうかがえました。話しあいがスムーズにすすんできたロボットチーム4歳児のようだい君は、ジャンケンすればうまく決まるという形にだけとらわれていたけれど、そうじゃなくて思いを出しあうことなんだとだんだんわかっていきます。話しあいのしかたもこうやって伝授されていくのだと感じました。

◆お店屋さん第2弾のお店決め
12月
〈ロボットチーム〉
　みつお君（5歳）中心で、あーしよー、こーしよと何となく決まったかにみえたのですが、ようだい

君（4歳）が「まだぼくたちのやりたいこといってないよ」と言い出し、みつお君も「あっそうか」と思い直し、もう一度一人ひとりの話を聞いて決め直しました。ここでも5歳の子がリードするだけでなく、みんなの意見を出しあうのが、話しあいとわかってきたようです。

＜かぶとチーム＞

　話しあいの度にもめてきたチームですが、その分だけいろんなことを考えあいながら、話しあって自分たちで決めていけるようになりました。「今度は小さい子がお客さんになるからこういうのがいい」「これは危ないからやめよう」とか、くるみちゃん（3歳）がどうしてもケーキがいいと言っていると「回転ずしにもケーキが回っているからいいじゃん」とか、けん君（5歳）がどうしてもネックレスがいいと言っていると、りょうや君（3歳）が「レジが終わってからガチャガチャやらせてくれるところあるよ」と言って考え直してくれたり、はると君（5歳）が「レジの隣におもちゃ並んでるとこあるよ」とか考えてくれて、お店のイメージができあがっていきました。3歳の子も話しあいのなかに少しずつ加われるようにもなり、5歳のけん君も譲るばかりがいいわけじゃないと感じたり、"何かいろいろ考え出しあうって気持ちいいな"と感じだしてきたはると君がいたり……

　たいようグループだけ集まって話しあって提案するというやり方もあったかもしれませんが、この年齢の幅広いメンバーの話しあいのなかで、学びあうことも多かったと思います。たいようグループだけだったら、たとえば、みつお君あたりがリードして上手く話をまとめてしまい、いろんな意見を出しあう体験ができたかどうかわからないと思うことも。年齢が違うから、きちんとみんなの気持ちを聞かなくてはと思えたり、同年齢の話しあいでは得られないものがあったと思います。

　話しあい活動の一場面ではありますが、5歳

児の集まりのなかで見せる姿と異年齢集団での姿には微妙に違いがあり、この子たちにはこの両方の集団があってそれぞれの子が自信をつけ、仲間関係が結んでいけるのだということを改めて感じさせられました。

おわりに

3、4、5歳児の異年齢保育は、まだまだ摸索中で毎年毎年目の前にいる子どもを見ながら実践し、試行錯誤をくりかえしています。異年齢での生活と同年齢の発達課題をどのように保障していくのか——

・生活と活動がうまくつながりあっていくためには？
・活動の見通しをもちやすくするためにはどうしたらいいか？
・異年齢の活動と年齢別の活動がうまくからみあうような相互作用をどのようにつくりだすのか？

2009年度（8年目）には生活の土台となる異年齢のクラスを大事にし、クラスのなかで各年齢の発達が保障できるようなクラスづくりをめざし、年齢別活動は5歳児のみとしました。

長い1日の生活の安定のためにはどうすればよいか——

・年度初めの3歳児の居場所づくりや5歳児の活躍の場をどうつくるのか？
・もっと異年齢で楽しめるあそびを豊かに。
など課題もたくさんあります。

2008年度の運動会では、5歳児たちの縄跳びの取り組みで、みんなで100回跳ぼうという目標をたてました。一人ひとりが同じようにできるようになるという目標ではなく、それぞれがその子なりの力を出しあって、あわせて100回跳ぶ、その力のあわせ方に、見ていてジワーッと感動してしまいました。一人で何回も跳べる子もいれば、二人だったら力がわいてくる子、ゆっくりゆっくり跳ぶ子にすごい声援が送られたり、ちょっと自信のない子は手をつないでもらえれば跳べたり、十人十色の力があわさるって、まさにこういうことだなあと思いました。

異年齢保育を実践してくる中では、子どもたちのいろいろな心模様やかかわりあいに感動があり、人と人とのかかわりあいをさらに深めあっていきたいなあと思わせてくれます。

（筧 美智子）

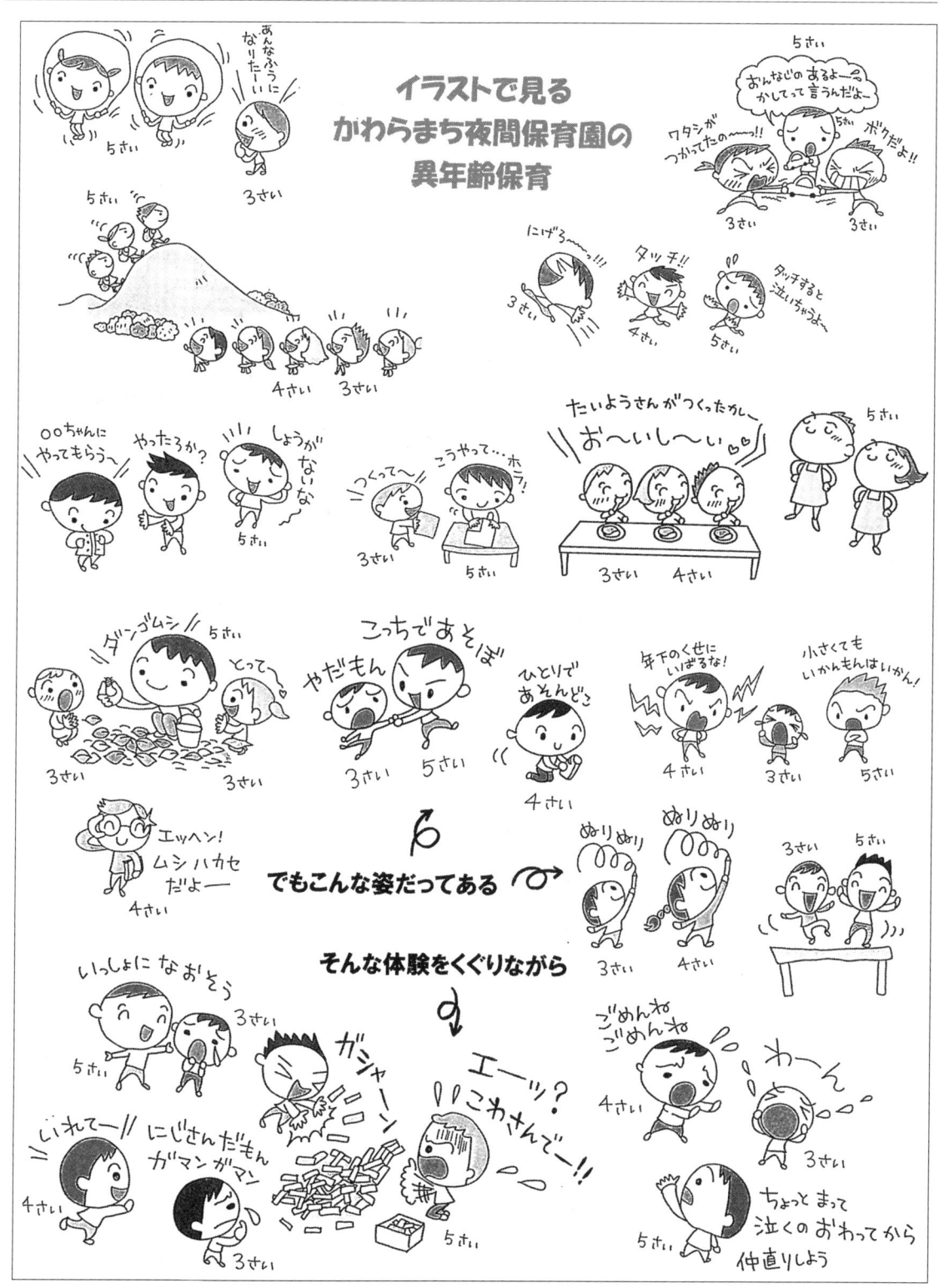

Chapter 4 異年齢でのごっこあそびの発展

**イラストで見る
かわらまち夜間保育園の
異年齢保育**

イラスト・いのうえつぐみ（かわらまち夜間保育園元保護者）
『池内福祉会３０周年記念冊子　芽が出てふくらんで　花が咲いて実がなって』より

かわらまち夜間保育園保育課程（2009年度作成）

<table>
<tr><td colspan="3">**3〜5歳の異年齢**</td><td>保育目標</td><td colspan="2">・生活習慣の自立に向けて、意欲を持ってすごす
・集団の中で自分を大切にし、友達のことを大切に考えられ〜
・日々の生活の中で異年齢の関わりを広げていき、いろんな〜
・一人ひとりが思いを出し合える安心できる生活づくりをし〜</td></tr>
<tr><td></td><td></td><td>Ⅰ期（4,5月）</td><td colspan="3">Ⅱ期（6〜8月）</td></tr>
<tr><td rowspan="3">予想される子どもの姿</td><td colspan="2">・新しい生活となる3歳児は、大きくなった喜びであふれ、張り切っているが、不安になったり、居場所が見つけられなかったり、逆に、目新しくはじけてしまうこともある</td><td colspan="3">・この生活に慣れてきて落ち着いてくる。それぞれが好きな遊びを見つけ、大きい子も小さい子も誘い合って遊ぶ</td></tr>
<tr><td colspan="2">・3歳だった頃は心おきなく甘えていたが、4歳児となり、下の子を迎え入れ、ちょっとお兄ちゃん、お姉ちゃんにならなくてはという思いと、まだまだ甘えたい気持ちとが葛藤し、揺れる姿がある</td><td colspan="3">・泥あそびや水あそび、プールが思いっきりできる時期なので、友達と体をふれあって関わりあってあそぶ。そんな中で小さい子は大きい子に憧れて成長したり、小さい子に刺激されてがんばる大きい子の姿があったりする</td></tr>
<tr><td colspan="2">・一番上となった5歳児は大きくなったという気持ちでワクワクしているが、下の子との関わり方がまだまだ未熟で威圧的であったり、リードしすぎたりする姿もある</td><td colspan="3"></td></tr>
<tr><td colspan="1">生活クラス運営</td><td colspan="2">楽しい活動を通し、5歳児があこがれられるような取り組みを組む
3歳児は少しはやめの日課にして徐々に慣れていく</td><td colspan="3">生活のルールづくりを子どもと一緒に考える
5歳児のおとまり会にむけての取り組みに3，4歳児はあこがれの気持ちを育てたり、クラスのあそびへと発展させる</td></tr>
<tr><td>集団づくり</td><td colspan="2">一人ひとりが自分のしたい遊びを見つけながら、友達とも一緒に遊べるようにしていく</td><td colspan="3">子ども同士のかかわりや結びつきがもてるような取り組みをしていく
周りの友達のようすに目が向けられるようにする</td></tr>
<tr><td>行事</td><td colspan="2">入園式　進級パーティー</td><td colspan="3">プール開き　　おとまり会（5歳児）　　プール締め
　　たなばた会　　　　　　夏まつり</td></tr>
<tr><td>活動・あそび</td><td colspan="2">春の自然に触れて遊ぶ
ままごと、お店屋さんごっこ、動物ごっこなどのごっこ遊びを楽しむ
子どもたちのやりたいことをとにかく実現できるようにしていく
探索・探検ごっこを楽しむ

栽培活動（5歳児中心）————————————</td><td colspan="3">どろんこや砂場での構成遊びなど、思いっきり楽しむ
水あそびやプールを思いっきり楽しむ
イメージの世界を楽しむ ————
夏まつり、オバケごっこなど、夏ならではの楽しさが味わえるようにする

日の長い間は夕方散歩も楽しむ
————————————————————→</td></tr>
<tr><td>環境</td><td colspan="2">3歳児にわかりやすい環境を整える
一人ひとりの好きなあそびを保障できる空間づくりをしていく
ごっこあそびに必要な小道具を整える</td><td colspan="3">自分で身支度ができる環境の工夫や、子どもたちと約束ごとを決めておく</td></tr>
<tr><td>家庭との連携</td><td colspan="2">新しく異年齢クラスに入る3歳児の父母は戸惑いや不安があると思うので、前もってオリエンテーション的な懇談会で伝える。子どもの様子をていねいに伝えていく</td><td colspan="3">クラスでの取り組みを家庭にできる限りわかりやすく伝え、

親子キャンプなどで交流を深める</td></tr>
</table>

76

るようになる中で、一人ひとりが自信を持てるようにしていく
ことにそれぞれが共感しあえる関係を築く
ていく

Ⅲ期（9～12月）	Ⅳ期（1～3月）
・運動会に向けた取り組みの中で、それぞれが何かをのりこえ、自信を持って生活できるようになってくる ・そんな力がまわりを見る余裕にもつながり、お互いの気持ちが考えられるようになってくる。異年齢の関係をさらに深め、各年齢らしさを発揮しながら支えあう姿が生まれてくる	・5歳児が卒園に向けての様々な取り組みの中でさらに力をつけ、仲間関係が強くなってくる。そんな力が異年齢の中でも発揮され、遊びや生活を意欲的に進めていくようになる ・5歳児の取り組みが中心となってくるので、3、4歳児ですごすことが増え、4歳児がちょっとたのもしくなってくる。3歳も4歳も進級にむけての期待が高まってくる。また、不安になってしまう子もいる
異年齢の小グループをつくり、生活も活動もこのグループで行い、異年齢の関係をさらに深める 子どもたちの要求を受け止め、主体的な生活づくりを応援していく。	進級や就学に向けて期待を持ち、意欲的にすごす 仲間と主体的にかかわり、関係が深まるように、みんなで○○を作ったり、パーティーしたり、みんなで協力し合ってつくりあげる楽しさを味わえるように
子ども同士の支えあいを大事にし、関係が深められるようにする	5歳児との思い出づくりを大切にする 一人ひとりの子どもを認め合え、気持ちのいい仲間関係へ
お月見会　　　　　　お店屋さんごっこ　　　クリスマスの 　　　　運動会　　　　　　　　　　　　　お楽しみ会	うどんづくり　大きくなったお祝い会　お別れ遠足 　　　　　　　　　　　　　　　　　　　　　　　　卒園式 　　　　　　　　　おわかれパーティー
秋の自然を満喫する。遠出の散歩も楽しむ。	室内遊びを充実させる
寒くなるが戸外で身体を思いっきり動かして遊ぶ ──────────────▶	
異年齢が各年齢らしさを発揮しながら助け合う関係が広げられるような活動を組む クラス対抗の遊びを楽しみ、みんなで力をあわせることも体験していく（そこでは5歳児の力が十分発揮できるようにしていく） いろいろなルールのあるあそびを取り入れ3歳児も参加しやすいようにしていく	3、4歳児は卒園児にむけてプレゼントづくり、5歳児は在園児へのプレゼントを共同で製作する 文学・数への興味もいっぱいになってくるので、トランプ、カルタ、すごろくなどであそぶ こままわしなど小さい子へ伝授していく ▶ 3、4歳児で楽しめる集団あそびを繰り広げる
異年齢がまざりあって生活しやすくするための玩具の配置 やいす、テーブルの配置に変えていく	来年度にむけて、2歳児がスムーズに幼児クラスに入ってこれるよう、交流をしていく
家庭の力も借りながらあそびが広がっていくようにする 個人懇で成長の確認や悩みなど語り合う ──────────▶	父母とともに子どもの成長を喜び合えるようにする。 家庭とともに生活リズムの見直しを

77

● かわらまち夜間保育園実践報告へのコメント

◆異年齢クラスの編成のしかた

　かわらまち夜間保育園は、超長時間の保育を必要とする子どもが多い保育園です。定員増にあたって、2・3歳児、4・5歳児の異年齢クラスから、1・2歳児、3・4・5歳児の異年齢クラス編成に変えています。2・3歳児が一緒の集団の保育のやりにくさを感じたことと、年齢の幅がある集団の効果をねらってのことです。幼児の異年齢集団は、夜間保育の多い子どもと、早朝登園の子どもの2グループ・クラスに分けることによって、夜間の異年齢保育の集団は昼間の異年齢保育の集団とあまりメンバーが変わらず、生活時間がそろい、生活や経験を共有し共感をつくりやすい編成にしています。そして、夜間保育の子どもが多いクラスでは、午後からの生活を中心に1日の流れをゆったりとつくっているのが特徴です。

　3、4、5歳児の異年齢保育の試行錯誤のこの実践から、クラスサイズについて考えさせられます。1年目は24人で1クラス、活動によっては12人ずつの2グループに分けて取り組んでいたのですが、2年目は27人と増えて落ち着かなくなったので、13～14人ずつの2グループに分けて異年齢で生活しています。3年目はきちんと2部屋に分けて18人ずつのクラスを編成しています。1部屋の園児数が20人以下では比較的落ち着いて生活できますが、25人を超えてくると保育が難しくなってくるといえるのではないでしょうか。そして、クラス・部屋のなかにさらに小グループをつくることによって、子どもたちはより安心して生活できます。

◆話しあいを通してのごっこあそびの発展

　保育時間が一緒ではない子どもたちがいる中で、実践者はみんなでひとつとなれるあそびを子どもたちのあそびのなかから継続的に発展させていっています。お店屋さんごっこは、行事としてそのときだけのあそびとして取り上げるのではなく、子どもたちが日常的に楽しんでいるごっこあそび・お店屋さんを、子どもたちの発想を大切にして発展させ、節々にクラス全体で組織的に取り組むお店屋さんごっことして設定しています。このようなごっこあそびを通して、子どもたちは、友だちとのやりとりのなか

でイメージを共有したり、自分の意見を調整することを学んだりしていきます。

　掲載している保育課程は、2009年度に作成したものですが、4月から個々にごっこあそびを楽しんで、Ⅲ期で行事としてのお店屋さんごっこに発展させるように考えられています。3年目の実践では、Ⅱ期に子どもたちはやりたいお店を選んで異年齢であそび、うまくいかなかったことや、こうすればよかったという思いを体験しながら次回への意欲を高めていっています。そして、父母たちと夏祭りに参加したり、運動会で力を合わせたりした経験を経て、Ⅲ期では、クラス（部屋）のなかにある異年齢の生活グループ（チーム）ごとに何屋さんになるのか決めてお店屋さんごっこをしています。4年目の実践は、とくにⅢ期のグループ（チーム）の名前を決めるところから、お店屋さんごっこの話しあいの過程を中心に掲載しています。

　異年齢で一緒に取り組む活動では、話しあい・合意づくりが大事ですが、5歳児は、自分の気持ちがはっきり言えない子どもの気持ちをくんで代弁してあげたり、みんなが納得するような案を考えたりしています。同じ5歳児同士のなかでは自分の意見をしっかり出せなかった子どもが、異年齢のグループのなかでは話しあいをリードすることもあります。店番とお客さんをどちらを先にするかの話しあいでは、各自の希望を聞かずに、前回の経験からジャンケンなどで決めようとして、トラブルになっていますが、4、5歳児はその決め方がなぜ嫌なのか理由を言うなかで、決め方のおかしさにも気づいていっています。こうして話しあいの仕方も伝承されていくことでしょう。ただ、4年目の実践では、1クラス16人を8人ずつの2チームに分けて話しあいをしていますが、話しあうグループとしては人数が多すぎたかもしれません。

◆異年齢の生活・活動と年齢別の活動の関連

　また、異年齢の生活・活動と年齢別の活動のバランスについて悩み、試行錯誤していますが、次第に、異年齢のクラス集団を基本とし、年齢別に分かれなくても異年齢の生活・活動のなかで年齢ごとの課題に取り組み、発達を保障しようとしていっていることが読みとれます。とくに1年の後半は、クラスのなかに異年齢の子どもの関係が深まっていき、異年齢で取り組める活動が増えていくでしょう。

　　　　　　　　　　　　　　　　　　　　　　　　　　（山本　理絵）

第5章 未知の世界へはじめの一歩、親も子も
2歳児クラスから異年齢クラスへの移行を中心に

ひまわり保育園

はじめに

　ひまわり保育園は、熊本市内中心部にあります。産休明け1.5カ月から受け入れており、開園時間は7：00〜18：30、定員60名の園です。
　例年、定員60名のなかで3歳未満が過半数を占め、年度によっては、3〜5歳児の年齢構成がアンバランスでクラス編成に苦慮していました。
　そんなとき、「異年齢保育として意識的にクラス集団を考えてみてはどうか」とアドバイスをいただきました。そこで平成10年度より、豊かな人とのかかわりを生み出すように3〜5歳児を対象に異年齢保育に取り組み始めました。保育園で多彩な人びととかかわり、自分らしさを発揮しぶつかりあいながら、相手との折りあいをつける経験を重ね「生きる力」をつけてほしいと願っています。
　異年齢保育を取り組むにあたって、3年をワンサイクルとし、長いスパンのなかで育ちをみていこうと考えて行うことにしました。3、4歳児だった子が、翌年4、5歳児になります。そこへ新たに3歳児が入ってきます。1年ごとに関係が切れてしまうのではなく、前年度築き上げた関係を、次の年へ受け継いでいきます。ですから、3歳児だった子どもたちが、卒園を迎えたときがひとつの区切りと考えました。
　3・4・5歳児異年齢クラスは、1クラスが20名程度の2クラス制（なのはなぐみ・こすもすぐみ）です。各年齢も5歳児きりんグループ、4歳児ぱんだグループ、3歳児うさぎグループと、生活のなかで子どもたちにもわかりやすいようにグループ名も決めました。
　異年齢保育スタート当時は、各クラス担任1名ずつという体制でした。その後、2クラスの補助として職員が1名入るようになりました。また、保育者や未満児さんからは、保育室が2階にあることから、「お二階さん」という愛称で呼ばれています。

1　3年間の異年齢保育を振り返って

　平成10年度、異年齢保育が始まり、私は保育者4年目で担任を持つことになりました。それまで3歳以上児クラスを持ったことがなかったうえに、異年齢保育という今までに見たことのないクラス編成にとまどい、不安を感じていました。
　異年齢保育1年目は、異年齢の子どもたちのかかわりをどうもたせていくか、異年齢でひとつの取り組みをするにしても、年齢の差をどんなふうにつけていこうかということに一番頭を悩ませていました。

次年度、1年目よりも意識したことは、クラスが楽しく安心できる場となるようにすることでした。
　あそびの面では、好きなあそびやごっこあそびなど、気の合う同年齢の友だちとじっくり遊べるように、慣れ親しんだ遊具などもコーナーに整えておきました。
　また、クラスとしての仲間意識の芽生えにつながれば……と、一緒にいて楽しい経験を増やしていくようにしました。散歩やわらべうたあそび、そしてジャンケン列車など、異年齢でも楽しめる活動はいろいろありました。それぞれのコーナーで、3歳児は気になる年上の子のそばで遊ぶ姿も見られ、同年齢だけではなくあそびがきっかけで気の合う異年齢でのかかわりも増えてきていました。
　以下、3年間の異年齢保育の取り組みで見えてきたことをまとめてみたいと思います。

（1）世話されるより自分でしたい3歳児

　給食後の片づけからお昼寝の準備の時間が、保育者にとっては一日のうちで一番慌ただしい時間です。保育者が声をかけても着替えがなかなか進まない3歳児を見て、4、5歳児の子どもたちのなかには、手伝ってあげようとする姿がありました。
　4歳児のしん君は、「パジャマにきがえよ〜」と、まだ洋服のままだった3歳児のともちゃんの着替えを手伝ってあげようと思ったようです。しかし、しん君の声を無視するように背を向けるともちゃん。しん君としては、大きくなった喜びから張り切って手伝おうとしていたようでした。しかし、ともちゃんもしん君と同じようにひとつ大きくなった喜びがあります。赤ちゃんじゃないんだから！　とばかりに、積極的に手伝おうとするしん君の手を振り払いました。
　隣にいる同じ3歳児のひろ君にも聞いてみたしん君ですが、ひろ君も「いい……」と、自分で着替え始めました。「しん君、ありがとうね。うさぎさんが『手伝って』って言ったときは、お手伝いよろしくね」と話すと、うなずきつつもちょっぴり残念そうにその場を離れるのでした。
　進級当初、保育者も異年齢のかかわりのひとつとして5歳児に3歳児の手伝いを頼むことも多かったように思います。しかし、3歳児も新しい環境に慣れてくると、それぞれに思いをことばや態度で表してきます。何といっても、一人前意識が出て「自分でできる」と、4、5歳児と同じようにやってみたいようです。
　5歳児もしたいことがあります。それを無理にかかわらせようとすれば、お互いがきつくなってしまい、かかわり方も荒っぽくなってしまいます。保育者が「異年齢のかかわりを作らなければ」と思って、"お世話をする人お世話をされる人"という考えを持たないことが、大切なのだと思います。
　異年齢のなかでできることは自分で、困ったときや、助けてほしいときは「手伝って」と言ったり、困っている友だちがいたら気づいて助けようとしたりする、そんな仲間になってほしいと改めて思いました。

2F

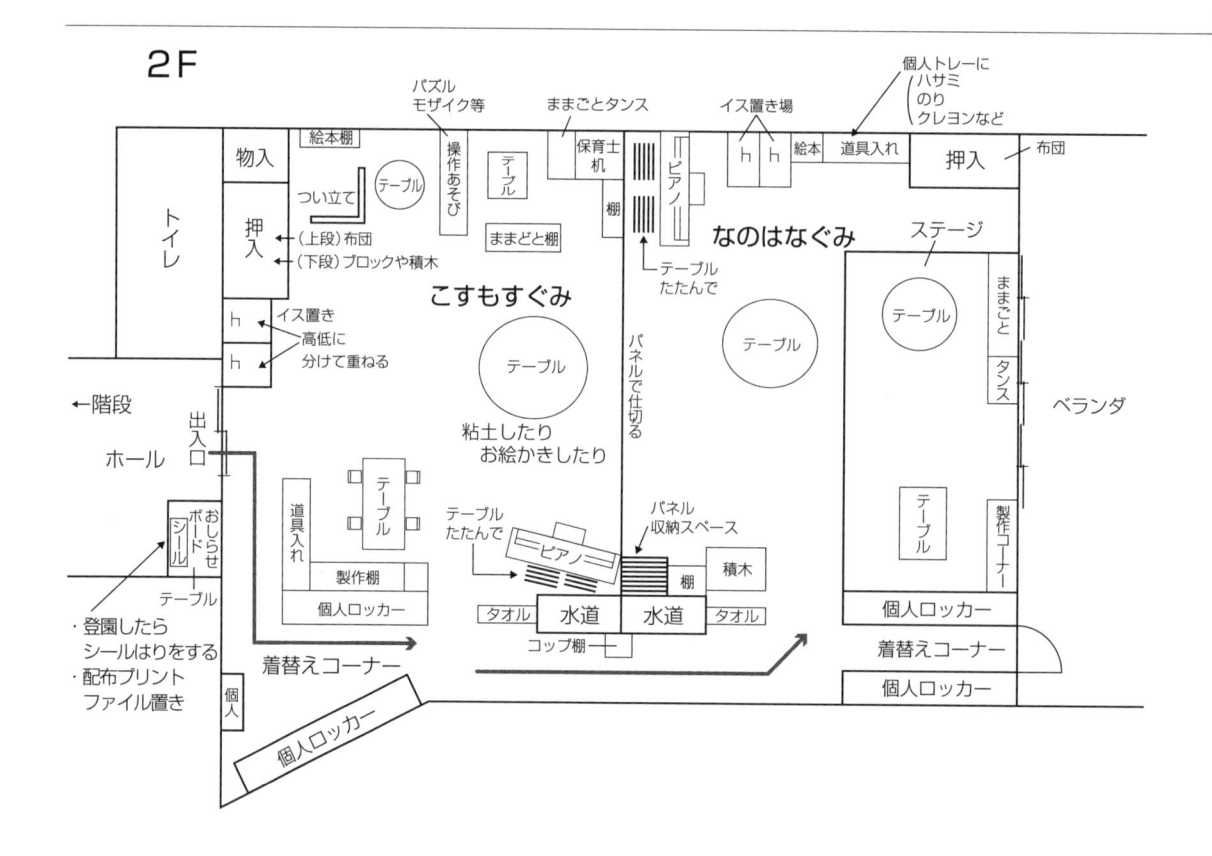

[間取り図：2階の保育室の配置。こすもすぐみ、なのはなぐみ、トイレ、階段、ホール、ベランダなどの位置関係と、絵本棚、押入、テーブル、ピアノ、水道、個人ロッカー、着替えコーナー、ステージ、製作コーナーなどの家具・設備の配置を示す]

（2）年齢の差を意識してしまう保育者と異年齢で同じ活動を楽しむ子どもたち

4、5歳児が、ひっかき絵（スクラッチ画）の活動をしたときのことです。3歳児には塗り込む作業が大変なので、あえて別の活動として、4、5歳児が金峰山で拾ってきた木の実を描くようにしました。

どの子も大喜びで取り組んでいると思っていました。ところが、「だって～描きたくないもん。ねえ、クーちゃん！」と、はなこちゃんといくこちゃんの二人は、まったく描こうとしません。どんなに誘いかけても描くことはなく、とうとう3歳児全員が、「やーめた」と、絵を描くことをやめてしまいました。そして、なぜかほうきを持ち出して、掃除を始めたのです。

家に帰ってから、はなこちゃんはお母さんに「はなこは、おねえちゃんとおなじのをしたかったけん、クーちゃんと、絵描かなかったの」と言ったそうです。

驚きました。3歳児には難しいからと思って別の活動を用意したのに、自分たちだけ特別扱いされることは我慢ができなかったようです。"わたしたちもおなじことしたいもん。仲間はずれはいや‼"と、ストライキを起こしたのでしょう。考えてみれば、いつもそばにいる4、5歳児がしていることをやってみたいと思う3歳児がいることはとても自然な姿です。

また、こんなこともありました。

転がしドッジボールをしたときのことです。3歳児も一緒ということで、「いくよー」とやさしく声をかけたり、手加減してくれる5歳児たち。それでも経験の浅い3歳児は、すぐに当

たってしまいます。コートのなかは自然と4、5歳児だけになり、こうなると"ココダ！"とばかりに、外から内からと思いっきり転がしあって、徐々にヒートアップします。

でも、この転がしドッジボールにも限界があったようです。ある日、5歳児のかず君とよし君、4歳児のたかちゃんたちが担任のところにやってきました。「きりんさん（5歳児）と、ぱんださん（4歳児）だけでドッチボールしたい」と言います。予想していたことですが、「じゃあ、うさぎさん（3歳児）に話してみたら？」と、一度返し様子を見ることにしました。すると、5歳児のかず君が、「ねえねえ、うさぎさんだけで、こっちでころがしドッジしていいよ」。3歳児が気を悪くしないように、でも自分たちの思いはしっかり込めて、やさしい口調で話す4、5歳児。

さて、言われたうさぎさんたちは、"自分たちだけでできる"という響きに大喜び。「作戦会議するよー、うさぎさん集合！」と、5歳児と同じ口調の作戦会議（といっても、ルールの復唱です）の後、さっそくやり始めました。一方、ドッジボールに変更した4、5歳児たちは、両チームとも気迫が感じられ、終った後にはみんな顔が紅潮し、満足気でした。

異年齢保育は、3・4・5歳児が同じ空間のなかで一緒に生活します。ですから、取り立てて「3歳児にはこれを」「4歳児にはこれを」「5歳児にはこれを」と、すべてにおいて年齢の差をつける必要はないのかもしれません。保育者が『この活動は、この年齢の子たちでぜひ取り組みたい』というものは別として、「年齢を意識しすぎなくてもいいんだ」「何かしらの問題にぶつかったときに『ならどうしようか？』と、子どもたちに投げかけてみる、そんな活動もありだ」ということを改めて感じました。

何かひとつ活動をするにしても年齢も発達も違う子どもたちです。活動のなかで子ども自身がこれをやってみたいと思ったとき、子どもたちの知恵や工夫が見えたり、助けあう経験ができたりするのだと思います。保育者は、子どもたちの様子を見守り、助けを求めてきたときや、必要に応じて対応するという姿勢を大事にしていきたいと思いました。

（3）本音を言えて、受け止められる話しあい

異年齢保育3年目の卒園を控えたある日、5歳児で卒園式についての話しあいをしていました。たくちゃんが、生活発表会でしたハンドベル演奏を卒園式で最後にもう一回したいと言い出しました。すると、「やろう！」と、賛同する子どもたち。しかし、そのなかで一人だけ「したくない……」と、けい君。盛り上がってきていた雰囲気が、静まりました。

けい君は、3歳児のころからみんなの前で自分の思いを話すことは苦手で、そういう場面になっても自ら発言することはなかなかありませんでした。そんなけい君が、5歳児の話しあいのときに自分の気持ちをはっきりと言いました。すると、ゆきちゃんが「どうしてしたくないと？」と、けい君を覗き込むようにやさしく聞いています。「……だって……まちがえるかもしれんもん……」と、けい君。「練習すれば、

だいじょうぶ」と、たくちゃんがけい君を励ますように、うなずきつつ言っています。

　ゆきちゃんやたくちゃんは、3歳児のときから自分の思いは、いつでもはっきりと相手に伝えます。二人ともクラスでもリーダー的存在でした。それでも、「だって……ドキドキするもん」と、けい君。すると「わたしも、ドキドキした」「オレも発表会のとき、まちがえたらどうしようって思った」「わたしも」と、それぞれに発表会のときの思いを話しはじめました。

　ひとしきり話した後、ゆきちゃんが「けい君、卒園式でベルしよう」と、改めて聞きました。すると、沈黙のあと意を決したように「うん。やっぱする」とけい君。「また、みんなで練習すれば、だいじょうぶ」「もう、卒園したらみんなでベルできなくなるもんね」と、話しあいはまとまりました。

　この話しあいのとき、誰一人したくないと言うけい君を責めることはありませんでした。それよりも、その気持ちわかるよ、とばかりにやさしく気持ちを聞いている姿に子どもたちの育ちを強く感じました。

　異年齢で過ごしてきた中で年下の友だちにかなわない経験があったり、思うようにならないこともあったり、お兄ちゃんお姉ちゃんの立場で過ごすこともあったり、いろんな立場を経験してきました。

　異年齢保育は、同年齢だけでなくいろんな年齢の子たちがいるからいろんな立場や気持ちを経験することができます。そして、そんな経験をしてきたからこそ、相手の思いがわかり、受け入れたり受け入れてもらったり、かかわりにも幅ができるのではないかと思います。

（4）無理せず気負わない異年齢保育に

　3年間異年齢保育をしてくる中で、私自身の子どもたちとのかかわり方、保育の姿勢も変わってきたと思います。

　たとえば散歩の準備の場合、1年目のときは並んで待っている5歳児を気にして3歳児まで5歳児に合わせるかのように急かしていたように思います。子どもたちのペースの違いがわかっていても、どうしても準備が速い5歳児につられていたように思います。ゆっくりペースの3歳児との差を『当り前』だと自分の頭を、気持ちを切り替えてかかわっていく余裕がありませんでした。

　しかし、3歳児は一つひとつのことがゆっくりで、寄り道も多いものです。その3歳児のありのままの姿、3歳児と言わず4、5歳児も含めてその子を丸ごと受け止めることで私自身の心にもゆとりが出てきました。

　それでもやはり5歳児を待たせてしまうことはよくあり、"待たせている"ことも気になっていました。そこで、先に3歳児に声をかけて、準備を始められるようにしてみたり、子どもたちの姿から声かけの工夫をしていきました。

　また、5歳児の子どもたちも3歳児はまだまだ周りの手伝いが必要なときがあることをわかってきて、自分のことが終わると保育者の姿を見て3歳児を手伝ったり、遊んで待っていたりと、その時間の過ごし方も変わってきました。私も5歳児に「ちょっとうさぎさん（3歳児）

たち手伝ってくるね」と伝え、活動の準備を5歳児に任せてみるなど、異年齢のかかわりを作りすぎることをしなくなりました。

そして、4、5歳児の子どもたちも「うさぎさん（3歳児）て、ゆっくりだもんな」と、ちゃんとわかっているからこそ、3歳児に対して強く急かしたり、かかわり方にも強引さがなくなってきたのだと思います。

また、子どもたちは保育者の姿を見ています。保育者のかかわり方、ことばのかけ方は、子どもにとってモデルになります。保育者のかかわり方を見ることで、かかわり方を学ぶことも多いように思います。そして、保育者主導の保育ではなく、子どもたちに任せ見守ったり頼ったりすることで、より生きいきとした異年齢のかかわりやクラスになっていくのではないかと思います。

異年齢保育は、いろんな年齢の子どもたちが一緒にすごします。そのなかでのかかわりや生活、あそびすべてにおいて子どもも保育者も気負わず無理しないことで、どの子にとっても居心地の良い場所になってくるのではないでしょうか。

② 2歳児クラスから異年齢クラスへの移行期について

（1）移行期実践にとり組むにあたって

ひまわり保育園が異年齢保育を始めたころの「移行」と言えば、年長から就学までのことを考え、取り組んでいました。しかし、異年齢保育を積み重ねていく中で、2歳児という同年齢クラスから3・4・5歳児の異年齢クラスへ進級した子どもたちやクラスの様子に、いろいろ考えさせられることがありました。

2歳児クラスから異年齢クラスへの移行についてまだそれほど意識していなかったころは、朝夕に異年齢で遊んだり、時々異年齢クラスに遊びに行ったりする程度でした。しかし、それだけでは異年齢クラスでの4月のスタートは、子どもも大人も落ち着かない状態になります。

その後、毎年秋以降には、2歳児は進級をふまえて朝夕の時間は異年齢で遊ぶようにしていきました。そして、2月の生活発表会が終わってから、4月までの約1ヵ月の間に、2階の異年齢クラスで遊んだり、食事をしたり、お昼寝をしてみたりしていました。

しかし、それでも3歳児に進級してからのとまどいは大きいものです。これまでの異年齢クラスの担任に2歳児が進級してからの話を聞くと、場所や人へのとまどいが大きいことが改めてわかりました。「2歳児クラスのときよりも集団が大きくなることで雰囲気もそれまでとまったく違い、そのことに慣れるまでにもある程度の時間が必要」「知らない人ばかりではなく、顔見知りになっておくと不安やとまどいも少なくなるのでは」ということが見えてきました。

異年齢保育に取り組んで8年目、平成18年度の2歳児クラスの子どもたちは、環境の変化に敏感で圧倒される子が多く、進級後のとまどいや不安が予想されました。また、それまでの保

移行期間中　異年齢でわらべうた

移行期間中　リズム体操を異年齢クラスで一緒にする2歳児

育の形態（クラス構成や担任の人数など）と大きく変わることは、保護者も子どもたちと同じようにとまどいや不安があるようでした。

そこで職員間で異年齢クラスへの移行のことを話しあいました。「4月の進級時に、子どもとその保護者にとって環境が大きく変わるというより、徐々にその変化（2歳児クラスから異年齢クラスへ、2歳児の部屋から異年齢の部屋へ）に慣れていけるようにしていこう」「まずは、異年齢クラスに遊びに行き、異年齢クラスの雰囲気を知る」「異年齢クラスの子どもたちと顔見知りになる」というねらいをもって、取り組むことにしました。また、保護者には取り組みについて、子どもたちの様子を連絡帳やクラス便り、または口頭でも随時伝えていくようにしました。

（2）異年齢クラスへの移行期の実践──「もう、けんじ君は─！」から「ここがいいんだよね〜」

2006年度2歳児すみれ組は、男児9名（新入園児2名）女児7名（途中入園1名）の計16名を保育者3名で保育していました。3グループ作り、担当保育者と共に、活動や食事などそのグループですることも保育のなかで行っていました。

＜移行スケジュール＞

11月	異年齢クラスとの交流で散歩
12月	1グループごとに異年齢クラスで午前中のみ過ごす（週1回）
1月	生活発表会準備のため、2歳児クラスで過ごす
2月	1グループごとに異年齢クラスでお昼寝までし、おやつはクラスへ（週1回）
3月	全員1日異年齢クラスで過ごす日も4月をイメージ。2、3、4歳児での生活もしていく。

◆けんじ君について

けんじ君は、1歳半で入園しました。生活の見通しももて、身辺自立もほぼ確立しています。じっくり遊ぶ姿がありますが、友だちよりも大人と一対一で遊びたがることがよくありました。環境の変化に敏感で大声を出したり、表情や行動が荒々しくなったりする姿が見られます。場所へのこだわりが強くそのことで友だちとぶつかり、気持ちの切り替えに時間がかかりました。

移行期間中　異年齢クラスに遊びに行くと
お兄ちゃんお姉ちゃんのあそびも気になる2歳児

移行期間中　異年齢クラスでの食事
2歳児のテーブルがあることで安心して食べている

◆異年齢交流スタート（11月）

　11月から散歩などで異年齢クラスと交流を始めました。2歳児クラスで出かける散歩と違って、異年齢二人組で手つなぎで出かけたり、散歩先でもお兄ちゃんお姉ちゃんにくっついて遊んだりする姿も見られました。もちろん、よく知らない異年齢クラスの子と手をつなぐことを嫌がる子もいますので、そのときは同じクラスの子や担任とつないで出かけました。

◆「おにかい、たのしかった」（12月）

　12月には、朝夕の登降園の時間と週1回、主活動の時間に担任1名と一緒に小グループで異年齢のクラスに入りました。子どもたちには、朝のお集まりで、グループごとに交代で異年齢クラスに遊びに行くことを伝えました（グループの順番も）。

　けんじ君をはじめ環境の変化に敏感な子どもたちも、初めは物珍しさもあって2歳児の部屋に戻ってくると「たのしかった〜」と笑顔です。職員間でも「この調子で進んでいくといいね」と話していました。そして、少しずつ異年齢で過ごす時間を延ばしていきました。

　異年齢クラスに入る日は、異年齢クラスの朝のお集まりにも参加しました。そして、異年齢クラスでの活動は、外あそびやクラスでも取り組んでいたリズム体操、コーナーあそびなど、子どもたちが不安がらず楽しめるものにしました。

　異年齢クラスで過ごして楽しかったのか、食事もしたいと言い出すほどでした。さらにお昼寝もしたいと言い出しましたが、お昼寝となると自分たちの部屋に戻りたがる子もいました。「不安な状態では眠れないのも当たり前、お昼寝は2月頃からしてみよう」と、担任間で話し、無理をせず進めていくことにしました。

　また、けんじ君や他の子も、散歩やリズム体操や行事で異年齢クラスとの活動が続いたからか、クラスに戻ると落ち着かなかったり、急に大きな声を出したりする姿などがありました。担任間で「大人数での活動が続いたことも関係するのかもしれない」「いつもと違う楽しさもあるけれど、疲れたりするのかもしれない」「朝夕の時間や日中の活動も、子どもたちの様子を見ながら進めていこう」と、話しあいました。

◆「おにかい、いかない」（2月）

　異年齢クラスでは、自分の荷物（ご飯を入れたお弁当・おしぼり・連絡帳・手拭きタオル・

コップ・汚れ物など）は、自分でリュックに入れての登降園となります。2月に入ると異年齢クラスと同じようにリュックに持ち物の準備をすることなども取り入れました。わかりやすいように、持ち物カード（絵カード）を一人ひとつずつ渡し、家庭でも親子で準備できるようにしました。

2月中旬以降（生活発表会後）、グループごとに週に1回一日ずつ、異年齢クラスでお昼寝までを過ごしていきました。

この時期になると、異年齢クラスの雰囲気にも少しずつ慣れ、とくに不安がる様子は見られなくなりました。「○○ちゃんと寝る」と好きな年上の子の隣で眠る子もいました。また、以前は不安がって眠れなかった子も、担任の見守りのなかで入眠するようにもなってきました。

けんじ君は、異年齢クラスの場所や雰囲気に慣れてくると次第に自己主張をし、年上の子に「これ、したらいかんよ」「ひとりじめしたら、いかん」と言われ、思いどおりにいかない経験もするようになりました。

そのころから登園後の自由時間に「おにかいに、いかない」と言うようになりました。行きたくないときは無理せず、様子を見ながら異年齢クラスで過ごす時間を短くするなどして対応しました。「いかない」と言いつつもしばらくしてまた誘ってみると「いく！」と張り切って階段を上がる姿もあります。

異年齢クラスはおもしろいところだけど、いろいろ年上の子に言われることもありとまどっていたのかもしれません。けんじ君は、異年齢クラスに出かけると食事もお昼寝も「する！」と、言いますが、お昼寝はなかなか眠れずにいました。担任も安心できるようにそばに付いたり見守ったりしていきました。

一方、2歳児クラスにいるときは、友だちが遊んでいる物を壊したり、取り上げたりするなどの行動が増えていました。

けんじ君は、友だちと一緒に遊びたいようですが、うまく入れずにいました。また、異年齢クラスでの疲れ（人的・物的環境の変化や人とのかかわりなど）が出てきているようにも感じました。けんじ君の姿も受け止め、けんじ君の思いや行動を一緒に整理して、どうすればよかったのか次へとつなげていくようにしました。そして、クラスの友だちと楽しい活動を取り入れていこうと考えました。

しかし、クラスの子どもたちが、少しずつ気の合う友だちと遊ぶ姿が増えてきている中、けんじ君は思いが強すぎて一緒に遊んでいても相手の「こうしよう」に対して「だめー！」と拒否することが続き、相手が離れていってしまうことが多くありました。

一方、大人との一対一のかかわりを求め「えほん、よんでー」と、保育者の膝の上で絵本を読むなどその思いにはできるだけ応えていくようにしました。しかし、やっぱり落ち着きません。

けんじ君の様子にあまり変化がみられなかったので、私たちは、「このまま4月になってもだいじょうぶかなぁ」と、少し不安に思っていました。

次年度は、子どもたちの様子から2歳児担任のなかの一名が異年齢クラスの補助で持ち上がることになりました。

◆けんじ君、イライラしてる……（3月）

3月になると異年齢クラスの5歳児は卒園に向けての取り組みも増えていきます。

それと並行して、2歳児は朝のお集まりから活動、食事、お昼寝、おやつ、お迎えの時間までの一日を本格的に異年齢クラスで過ごすようにしていきました。子どもたちにもそのことを伝え、それなりの見通しや心づもりをもてるようにし、子どもたち自身がいろんなことに取り組めるようにしていきました。

4月になったら4歳児は年長児となり、3歳児は自分たちよりも年下の子どもたちを迎えることになります。2歳児は異年齢クラスの仲間として生活を送ることになります。保育者としては、そこも意識して2・3・4歳児の時間（活動など）も作っていきます。

3月下旬には、新年度のクラスに分かれてロッカーの場所や使い方を含めてていねいに伝えていきました。活動や場所を移るときに不安がる子もいるので、準備はその様子を見ながら保育者や友だちと一緒に安心してできるようにしていきました。そして、困ったことがあれば保育者や友だち、お兄ちゃん、お姉ちゃんに声をかけようね、ということをよりていねいに伝えていきました。

けんじ君は、そのころからさらに落ち着かず、1番へのこだわりはより強くなっていきました。

いろんな場面で順番に並ぶときも、後から来て「いちばんまえがいい！」と、強引に入ろうとしてもめることがよくありました。でも「今はお互いを知る時期、トラブルもあって当たり前」「去年も初めはこんなふうだったよね」と、これまで異年齢クラスを担当してきた保育者と話し、様子を見ていきました。

お店屋さんごっこ　「いらっしゃいませ〜」2歳児もお客さんになってお買い物

しかし、けんじ君のお気に入りのブロックを5歳児が使っていると、何も言わずに取ろうとして腕にかみつくなど「けんじ君が、またとった！」と、子どもたちが保育者に訴えに来ることが日に何度もありました。思いをわかってもらえないことが続き、表情も険しくなり、つい激しい行動が出てしまうけんじ君。その都度思いを受け止め、落ち着いた場所で話を聞いていくと、「カシテ」「イレテ」と言えばよかったことも、わかっています。感情表現が激しくても今まで噛みつくということはありませんでした。行為で表しては、「もう、けんじ君はー！」と責められ、モヤモヤした気持ちが大きくなり、ことばで太刀打ちできず乱暴な行動になる……という悪循環になっているようでした。

そこで、けんじ君が安心し、落ち着いて生活ができるように保育者同士連携してできるだけ側にいるようにしていきました。

しかし、他の子も不安な時期で、いつもというわけにはいきません。けんじ君だけの側にいるときは落ち着いているものの、離れるとまた……という日々でした。

◆お互い、少しわかってきたのかなぁ（4月）

新学期、けんじ君が落ち着いて生活できるように、お集まりのとき「けんじ君がここ！」（こだわり）と保育者のひざに座りたがるその思いを受け止めていきました。あまりにも激しく主張する姿に周りの子も「けんじ君て、そこがいいんだぁ」と、5歳児のなかにはこだわりをわかってちょっとだけずれてくれる姿もありました。

また、子どものなかの安心できる存在として5歳児との二人組も作り、このペアでお集まりのとき一緒に座ったり散歩に行ったりしました。生活面でも「何かあったら手伝ってね」と、5歳児には伝えました。けんじ君のペアとして見込んだ5歳児のまみちゃん（妹がいる。自己主張もはっきりしており、いい意味で手抜きを自分でできる）も、初めはけんじ君の気ままな姿や激しい主張に「イヤダ！」とはっきり態度に出し離れたり、わざと違う3歳児と手をつなごうとしたりする姿もありました。しかし、毎日の生活のなかで一番が好き、散歩、虫や恐竜の本が好き、思いが通らないと大泣きする等、けんじ君のことが分かるにつれ、かかわり方が変わってきました。

まみちゃんとのかかわりが増えて、けんじ君自身まみちゃんを頼ったり、受け入れたりするようになってきました。かまってほしくて駄々をこねるようにもなってきました。

他の子たちもけんじ君のことが少しずつわかり始めてきました。散歩時、一番前というけんじ君のこだわりを5歳児が「ほらけんじ君、ここがいいんでしょう！　いそいでおいでー」と、声をかける姿や、おもちゃの取りあいになったとき「じゃあ、これはどう？」と、4歳児の声かけに、予想外にけんじ君が受け入れる姿が見られるようになりました。

何よりもまみちゃんがけんじ君の母親から「いつもありがとうね」と言われ「けんじ君て、たいへんなんだよね〜」と素直に、でも私はけんじ君のことわかっているよと言わんばかりに話をしているのを聞いて、相手のことを知り、

わかってきているのだと感じました。

◆**気持ち切り換えている……？（5月）**

以前は、ほしいと思ったら相手のものを取り上げたり、かみついたりすることがありましたが、このころは思い通りにいかなかったとき「バカー!!」と叫びながらも、手や口を出さず部屋から飛び出すものの（部屋から見えるところ）、その場で一人気持ちを立て直し、しばらくすると戻ってくるようになりました。

（3）移行期実践の意義

移行期の異年齢とのかかわりは、異年齢の雰囲気を知り、大きい集団に慣れること、お互いに相手のことを知り、かかわり方を学ぶ機会だということがわかってきました。

かかわりの面では翌年に年長児となる4歳児との意識的なかかわりの場面を作ることで、2歳児は「先生もいるけれど、このお兄ちゃん（お姉ちゃん）に言えば、だいじょうぶ」という安心感や居場所につながると思います。

たとえば、散歩の手つなぎ、わらべうた、ふれあい遊びなど、楽しみながらかかわる機会があることは、その後のかかわりのきっかけになるかもしれません。

また、毎年移行期について考え、取り組みを積み重ねていく中で、ひまわり保育園の異年齢クラスへの移行期は短期間、短時間ではなくゆっくりとていねいに子どもたちの様子を見ながら進めていくようになりました。ゆっくりとていねいにするには、新学期の保育者配置ではなく、移行期時点での保育体制のまま異年齢クラスに"担任と一緒に小グループでお邪魔している状態"であり、人手があるということも大事だと思います。

2歳児の子どもたちにとって担任が一緒にいることは、自分のことをわかっていてくれる人がいるという安心感があります。また、迎え入れる異年齢クラスの子どもたちにとっても、2歳児とかかわるときに困ったことがあれば通訳をしてほしいとばかりに、頼ってくることもあるのです。それは、異年齢クラス担任も同じで、なぜそういう行動をするのかわからないときなど、心強いようです。そして、どんなにゆっくりと移行期に取り組んでも「いきたくない」きついと感じることはあるようです。しかし、移行期中であれば2歳児クラスに戻って一休みすることもできます。

2歳児の保護者にとっても移行期があることで、未知の世界であり、不安もある異年齢保育というものを事前に少し知り、保護者として心の準備をすることができます。そういう意味でも、この移行期を設けて取り組むことは大事なことだと思います。

◆**2歳児にとって3、4歳児と「顔なじみになる」ということ**

ひまわり保育園の場合、未満児クラスは1階、3、4、5歳児の異年齢クラスは2階にあります。ですから、日中お互いによく見える、よく顔を合わせるわけではありません。

異年齢クラスの部屋は、2歳児クラスより広く、すぐに居場所を見つけられる子もいれば、

なかなか見つけられない子もいます。子どもたちのなかには、知らない場所、知らない人のなかでは不安を感じ、安心して遊び、食べ、眠ることができないという姿も見られます。しかし、そこがどんな場所なのか、どういう人がいるのかわかってくると、そのような子どもたちも興味・関心のあるものへ自ら向かっていきます。同じ場所で過ごしている周りの人にも目が向いていきます。それが、慣れ始めてくるということなのではないでしょうか。

　移行期として計画し実践をしていなかったころは、かかわる期間が短いこともあり、進級後はまだ年上の子どもたちの名前も分からず、用があっても「あの人」と指さしをしていました。しかし、活動を共にすることは顔を合わせる機会になり、ときにはかかわることもあります。すると「〇〇ちゃん」と、名前で呼ぶ姿が見られるようになり、お互いが顔なじみになってきました。

　場所や人に慣れる時間は、一人ひとり違います。保育者が、そのことも理解して子どもに寄り添うことで、子どもたちはそこを支えに新しい環境に入っていくのではないでしょうか。

◆3、4歳児にとって2歳児に「ゆずる」ということ

　2歳児が異年齢クラスに入ってくることは、3、4、5歳児にとっても大きな環境の変化です。

　2歳児は、自己中心的に振る舞い、慣れてくると異年齢クラスのなかでも自己主張もします。いつもの落ち着いた生活のなかに2歳児が入ってくることで、異年齢クラスの雰囲気も多少変わってきます。「せんせー！　〇〇ちゃんがー」と、訴えにくることも増え、もめることも増えていきます。かかわらなければ、相手がどういう子なのか、どう考えているのかわからないものです。相手のことを知り、その子の思いを理解するまでにはぶつかりあったり、喧嘩したりすることは当たり前で、そこから子どもたちの関係がまた変わってきます。

　異年齢クラスの4月は、3歳児の環境の変化による不安からくる泣きや、泣かずとも緊張と生活の見通しがもてず固まって行動できない子、見様見真似で生活についていこうとする子などのさまざまな姿があります。4、5歳児は生活の見通しはもてているけれど、「先生！〇〇君が！」と、言ってくるなど何かと落ち着かずバタバタとしたスタートになるのがよくある光景ではないでしょうか。しかし、2歳児を知る、相手を知る時期があるから、4月の新学期にはお互いにクラスの一員という意識が少し芽生え、落ち着いたスタートが切れるようです。

③ 保護者にとっての移行期

（1）移行期の保護者の不安と対応

　2歳児クラスから異年齢クラスへの進級前に聞かれる保護者の具体的な不安は次のようなことがあります。

・2歳児クラスのときよりも部屋が広く、人数も多く、集団が大きくなるけれどだいじょう

ぶなのだろうか。
・クラスのなかに年上の子たち（4、5歳児）がいる生活（活動）に、ついていけるのだろうか。
・年上の子に圧倒されてしまわないか。
・2歳児のころよりクラスの人数が多く、スペースも広いので保育者は目が行き届くのだろうか。

このような不安が、毎年のように出てきます。とくに初めて異年齢クラスに進級する保護者は、異年齢クラスの様子や子どもたちの姿や育ちの見通しが持てず、よくわからなくて不安なようでした。

保護者の不安に対して、園としても試行錯誤しながら次のような対応をしてきました。

＜2歳児クラスで意識した保護者対応＞
・子どもたちの成長している姿をクラス便りや連絡帳などで伝える。
・移行期の取り組みについてクラス便りや連絡帳、口頭などで随時伝えていく。
・保育参加期間に、異年齢クラスの様子も見てもらう時間を設ける。
・個人面談時にも進級の話題に触れてみる。
・進級に向けてのクラス懇談会を行う。

（2）進級に向けてのクラス懇談会（1月）

4月になって新しい生活が始まるといろいろな不安やとまどいは、例年保護者にも見られます。それまで異年齢クラスの保育室が2階にあることもあり、毎日の送り迎えだけではどのような雰囲気なのか、なかなか見ることができないこともひとつの要因かもしれません。ですから、どんな感じなのだろうという漠然とした不安もあるのでしょう。

そこで、進級に向けてのクラス懇談会では、現在の子どもたちの姿や異年齢クラスへの進級に向けての取り組みをイメージしやすいよう、具体的に場面を交えながら伝えていきました。

＜クラス懇談会内容＞
・異年齢クラスの編成や保育者の配置基準
・未満児クラスと大きく変わるところ（ロッカーの使い方・持ち物・給食・連絡帳など具体的に）
・これから園や家庭でも心がけていきたいこと
・進級後の子どもたちの予想される姿
・異年齢クラス担任の話も聞いていみよう
・異年齢クラスを経験した先輩保護者の話も聞いてみよう　など。

3期に行う進級前のクラス懇談会では、異年齢クラスへ進級するにあたって、これから子どもも保護者も保育者も少しずつ持ち物や心の準備をしていく期間だということを伝えていきました。心の準備というところでは、「規定により、未満児クラスのときほど保育者はいない」こと、「基本は、担任一人が20人の子どもたちと過ごすことになる」こと、それは「子どもたち自身が、自分のことは自分でやろうとする姿に育ってきている」「大人とのかかわりより、子どもたち同士のかかわりで成長していく時期に入ってきている」からで、保育園では子どもの様子を見ながら「子どもたちへの大人のかかわりは、すぐに手伝うのではなく、見守ることを心がけている」こと、「困ったことがあれば、

『てつだって』と、言ってね」と、いつでもあなたたちを見守っているよ、という姿勢でいることを伝えていきました。そして、家庭でも子どもの育ちを意識したかかわりに変えているか、保護者自身のかかわり方の見直しのきっかけになればという思いで、保護者に話しました。

また、異年齢クラス担任からは、予想される保護者の不安から子どもたちの様子を事例として伝えてもらい、例年進級した後の子どもたちの様子なども話してもらいました。異年齢クラス経験者である先輩保護者にもざっくばらんに話してもらうことで、安心まではいかなくとも進級後のイメージがしやすくなったように思います。

事前に伝えていることで進級後にそのような場面にあったとき、懇談会の話が結びつくのではないかと思いました。懇談会を機会に2歳児の保護者が、異年齢保育の担任である保育者や先輩保護者に、心配なことや不安なこと疑問など何でも尋ねられるような雰囲気作りも大切だと思います。

クラス懇談会後けんじ君のお母さんは、「異年齢クラスでこの子はちゃんとやっていけるだろうかと思っていました。すみれ組（2歳児）でも自己主張やこだわりも強いし、お友だちとのトラブルも多くて……。でも、今日、先生方の話を聞いて、うちの子と似た姿があったお兄ちゃんのこれまでの様子を聞いて少し安心しました。うちの子も、お兄ちゃんたちの力を借りながらお友だちと過ごしていけるかな〜」と話されました。

また、他の保護者も「お二階さんのことが少しわかりました。子どもたちも新しい環境の変化に慣れようと無意識のうちに頑張っているんですね」と、子どもたちの姿も少しイメージされたようでした。

このように懇談会のなかで具体的に伝えることで、漠然とした不安が少し解消される保護者もいました。

（3）異年齢クラスに我が子を託して

私には息子がおり、同じひまわり保育園で過ごしました。そして、息子のゆうも、異年齢保育の3年間でたくさんの経験をしました。

ゆうは、どちらかというと環境の変化に敏感なところがあり、初めてのことには慎重です。そんなゆうが、異年齢クラスに進級することになりました。

ゆう自身「お二階さん（異年齢クラス）」になることに憧れ、期待もしていましたが、不安もあり本人なりに異年齢クラスについていこうと頑張っていたようです。

4月の進級直後は、園でも家でも何をするにもはりきっていました。園では、年上の子がすることに興味津々な様子で、その日一日のことをよく話してくれました。ある日の連絡帳には「年齢別活動で5歳児の話しあいをしていると、隅のほうに来て、だまってその話しあいを聞いていましたよ。違う場面でもやっぱり離れたところでじーっと見ていました。気になるのでしょうね」と、年上の子たちの言動はとても気になるようでした。それに、自分も同じようにやりたい、やれるつもりでいるようでした。口調

も、良くも悪くも急にお兄ちゃんぽくなって、何でも見事に吸収しているなぁと、感心するほどでした。また、園では生真面目な言動も多かったようです。生活に変な力が入っているように見え、一生懸命ついていっているのだろうなと思ったこともありました。

一方、帰り道はなんだかイライラ、モヤモヤしているようで、抱っこやおんぶをせがむようになり、家では甘えやぐずりが強くなっていました。予想はしていましたが、サインがあちこちで見られていました。きっと新しい環境に慣れようと頑張った疲れが出ていたのだと思います。

そんなゆうの姿を担任の先生方も見つめておられ、「他のお友だちのようにはじけたいのだけど、どうはじけていいのか分からないような感じもします。3歳児だけでゆっくり過ごす時間も作ったり、心も体も開放できるような遊びもしていきながら、ゆうくんのペースでゆっくり慣れていけるように……」と、寄り添ったり、見守ったりしてくださいました。少しずつ慣れ8月になると、本来の腕白な姿も園で見られるようになってきたようでした。我が子を見ていて、日々の生活や遊びを通して、3歳児の一年で異年齢クラスという集団にゆっくりと慣れていったように感じました。

4歳児になると、なかよしの友だちと遊ぶことが楽しくてたまらないようでした。このころ、ゆうの話のなかで同年齢の友だちの他に、よく5歳児の男の子の名前もでてくるようになりました。「てつや君が〇〇してくれた」「せいじ君は〇〇つくったんだよ」と、生活のなかに年上の子がいることで、その姿を直接見たり、かかわったりすることで憧れが強くなっているようにも見えました。

5歳児になると、3歳児のかずき君とめいちゃんがとても慕ってくれ、毎朝駆け寄ってきてくれたり、よくかかわる関係になりました。5歳児の同年齢のなかでもまれたり、がっくり肩を落としたりすることがあっても、異年齢のなかに戻った時に「ゆうく〜ん」と、ニコニコ慕ってくれる3歳児の姿に、支えられて気持ちを立て直していく……そんな経験もたくさんあったようです。

また、逆上がりに取り組んでいるとき、ゆうはなかなかできずに苦戦しているなか、3歳児のかずき君は軽々とゆうの前でやって見せました。そして、「きりんさん（5歳児）なのにどうしてできんと？」と、まったく悪気もなく不思議そうに言っています。そんな言葉に触発されたのか、積極的に逆上がりの練習もはじめたのでした。

このように年下の友だちに支えられたり刺激を受けたり、ゆうの心は同年齢の友だちだけでなく異年齢の仲間にも育ててもらったのだと思いました。親としてこの3年間を振り返ると、異年齢保育の中で友だちや先生方にたくさんの経験をさせてもらったと感謝しています。

私自身異年齢保育をしてみて、そして、異年齢クラスに我が子を預けてみて、「異年齢保育って、悪くない！」そう思います。

（西冨 ひろみ）

●ひまわり保育園実践報告へのコメント

◆異年齢保育の魅力─3歳児を遊びながら待っている5歳児

　西冨さんは保育者歴15年。ひまわり保育園が異年齢保育を始めた年の異年齢クラスの担任でした。そして我が子もひまわり保育園の異年齢クラスに託しています。その西冨さんが、「私自身異年齢保育をしてみて、そして異年齢クラスに我が子を預けてみて『異年齢保育って、悪くはない』そう思います」という一言は何よりも重みのあることばだと思います。

　その証として私が最も注目したのは、「5歳児の子どもたちも3歳児はまだまだ周りの手伝いが必要なときがあることをわかってきて、自分のことが終わると保育者の姿を見て3歳児を手伝ったり、遊んで待っていたりと、その時間の過ごし方も変わってきました。4、5歳児の子どもたちも『うさぎさん（3歳児）て、ゆっくりだもんな』と、ちゃんとわかっているからこそ、3歳児に対して強く急かしたり、かかわり方にも強引さがなくなってきたのだと思います」の部分です。

　5歳児が3歳児を手伝ったことよりも、第一に、ともに暮らしてきたことで「3歳児はゆっくりだもんな」と客観的に理解していること、そのことを土台に3歳児を急かさないというかかわり方を会得していることです。しかし、それよりも第二に、保育者が3歳児のお世話をしているときは「遊んで待っていること」に感動しました。この姿は3歳児に対する理解だけでなく、保育者の置かれている状況の理解もふまえて、3歳児のために自分たちは保育者の手を煩わせないように協力するという意識が根底に育っているからできる行為です。年下の子にやさしくするという表面的なことよりもっと奥深い育ちが示されています。これこそ異年齢保育の魅力と言えないでしょうか。

◆移行期の実践─先生も一緒に、一休みしながら顔なじみに

　2歳児にとって、異年齢クラスは、知らない場所、知らない人、しかも自分より大きな人がいっぱいいる、なじみのない部屋なのでしょう。大人が思っている以上に不安のかたまりかもしれません。

　しかし、移行期の実践に取り組むことで、「楽しいけれどもやっぱり疲

れるなあ」と思いながら、「でも疲れたら自分のクラスに戻って一休みできる」安心感があり、「少し慣れたのでわがままも出せた」経験をします。一方、異年齢クラスの子どもたちは、そのわがままを、「小さいクラスから来たのだから」「今日だけなら」しょうがないという気持ちで、「ほら、ここがいいんでしょう！ いそいでおいでー」と声をかけたり、席をちょっと譲ってあげたりするのだと思います。お互いがときにはぶつかりながらときには受け入れながらゆっくり顔なじみになっていくのです。

しかしこれは「異年齢クラスに担任と一緒に小グループでおじゃまする」という移行期の体制があるからこそできることです。保育者が2歳児にとって心理的拠点になり異年齢クラスの子どもたちとっては通訳として子ども同士をつなぐことができたのだと思います。　　　　　　（宮里　六郎）

ひまわり保育園。異年齢グループでの当番活動
3歳児に「ここに、おいてね」と伝える大きい子

第6章 心地よい関係のなかで育ちあう
5歳児の自信と誇り

あいかわ保育園

はじめに

あいかわ保育園では、0～2歳児までの分園から5歳児までの認可保育園に移行していく過程で、3～5歳児の保育は異年齢を基本に行なっていこうと考えました。異年齢保育を始めるにあたって、核家族が一般的になる中で、「子ども同士のかかわりが薄くなり、友だちとうまくかかわれない子どもが多くなっているように思う」、「大きい子に受けとめてもらった、やさしくしてもらった経験がやがて人を受け入れていける力になるようにしていきたい」、「自分の気持ちをいっぱい出していきながら、人の気持ちにも気づいていけるようにしたい」、「一面的な見方ではなく、もっと多面的に友だちを見ていけるようにしたい（大人の子どもの見方も）」、「3、4、5歳児が一緒に過ごし、自然にかかわっていく中で、育ちあっていけるようにしたい」等、異年齢保育への思いを出しあいました。

そして私たちは以下のような異年齢の保育目標をつくりました。

☆子どもたちがお互いを認めあえる集団をつくり、友だちに受け入れられているという安心感がもてるようにする。そのなかで、
・生活習慣を確かなものにし、見通しを持って過ごしていく。
・自分の思いをことばで伝え、人の話を聞いて考える。
・いろいろな活動に意欲的にとりくんでいく。

3歳児（みかんぐみ）、4歳児（りんごぐみ）、5歳児（くりぐみ）の子どもたちが一緒に落ち着いて生活でき、楽しくかかわっていけるように、子ども同士がよりお互いを認識できるようにと、2つのグループ（つばめグループ・とんぼグループ）に分けて保育をつくってきました（グループ分けについては後述）。そして私たちは、一人ひとりの子どもたちが"落ち着ける生活づくり""安心できる仲間づくり"をどうつくっていくのか、そのために生活環境や、保育の組み立て等について、年々試行錯誤しながら実践をすすめてきました。

≪経過≫
・2004年　ほしざき保育園の分園として0～2歳児までの保育が始まる
・2005年　60名定員の認可園として3歳児までの保育が始まる
・2006年　3歳児、4歳児の異年齢保育が始まる（3歳児12人、4歳児9人）
・2007年　3～5歳児の異年齢保育が始まる
・2009年　3～5歳児の異年齢保育3年目
　　　　　（開園時間7：00～22：00）
3～5歳児までの異年齢保育を始めて3年目

の幼児クラスは、つばめグループ15名、とんぼグループ16名の31名です。3年目にあたって、私たちは次のように考えました。

・子ども一人ひとりが落ち着いて生活できるようにしていきたい。
・自分の思いを伝えあい、友だちと気持ちよくかかわっていけるようにしたい。
・そのなかで誰もが自分に自信を持てるようにしたい。

① 異年齢保育3年目の子どもたちと落ち着ける環境づくり

（1）5歳児（くりぐみ）の子どもたち

私たちは異年齢保育のなかで、とくに人とのかかわり、仲間関係を膨らませていきたいと実践を積み重ねてきています。しかし2009年度、とくに5歳児（くりぐみ12名）のなかに「あの子は怖いから嫌だ」「ぼくのことわかってくれない」という気持ちが交錯して、子ども同士がなかなか気持ちよくかかわれない姿がありました。

この年のくりぐみは、あいかわ保育園の3、4、5歳児の異年齢保育を3年経験してきている初めての子どもたちです。2歳児のころから、自分のクラスの部屋以外で活動するときや、部屋に人の出入りがあるときなどに気持ちが落ち着かなくなる子どもが多く、友だちとかかわりたいけれど、相手が嫌な思いをすることばを口にしてトラブルになってしまう、いったんふざけだすと止まらず、さらに声や動きが大きくなる等の姿がありました。

また、自分の思うようにならないと怒って物を投げたり、暴れてしまう姿、気にかかる子がいるとちょっかいをかけ、力のコントロールができずに痛い思いをさせてしまうこともありました。

そのような子どもがクラスに数人いると、つられて興奮してしまったり、あそびのなかでも「もうやめた」「つまらん、テレビゲームやりたい」ということばがすぐ出てきたり、手が出てしまってけんかになることも多く、あそびが中断してしまうこともありました。「おもしろかったー」「またやりたい」と満足感を感じることがまだまだ少ないなと感じる子どもたちでした。また、友だちがけんかしていても無関心だったり、ちょっと受身で自分の思いを十分出せていないかなと感じる子もいます。

だからこそ、あそびや取り組みのなかで達成感を感じることや、「たのしかった」「みんなでやったね」と実感が持てるようにしていきたいと思いました。「くりぐみだから」と誇らしく思えるように、自分たちの意志で自分たちの活動をつくっていけるように、話しあいや考えあう場を大切にしたいと思っているのですが、じっくり話を聞く、話すということがなかなかできず、はじめは思うようにはいきませんでした。

子どもたちのなかでくりぐみの影響はとても大きいものがあります。くりぐみの子どもたちが落ち着いていくことがグループ全体の落ち着き、まとまりにつながっていくと思いました。活動を充実させ、頼りにされ憧れられる経験を

していくことで、周りにも目が向き、友だちを認めたり仲間意識を高めていけるようにしたいと思いながら、保育をしてきました。

今回、3年目の異年齢保育を、くりぐみのりゅうじ君（つばめグループ）としんじ君（とんぼグループ）の姿を中心に振り返ってみました。

（2）落ち着ける環境をつくる

あいかわ保育園では、3月上旬から2歳児が異年齢集団に慣れていけるように、移行期間をつくり、気持ちよく4月が迎えられるようにしてきています。しかしこの学年は、新しくみかんぐみ（3歳児）になる子どもたちが来ることで、気持ちが高揚し、さらに上の年齢の子どもたちが同じ部屋にいなくなったことで、今までになく落ち着かなくなる姿がありました。そこで、次のような保育体制、部屋の使い方、日課にしてみました。

クラス構成表

	つばめグループ 15名	とんぼグループ 16名
5歳児 （くり）	6名 （男3名　女3名）	6名 （男4名　女2名）
4歳児 （りんご）	3名 （男1名　女2名）	4名 （男2名　女2名）
3歳児 （みかん）	6名 （男2名　女4名）	6名 （男3名　女3名）

担任　　（玉置）　　　　　（山田）
全体フリー1名

◆保育体制

前年度までは、担任－正規職員2人とパート職員（朝・夕）1人でしたが、この年度はそれに加えて、フリー－単年度正規職員＊を配置しました。

7:00～15:15（又は7:30　7:45出勤）－正規職員
8:30～12:30（当面）－パート職員
　子どもの落ち着きを見て、～9:15にしていく。
9:15～17:30－正規職員
9:45～18:00－正規職員
（または10:00～18:15／10:15～18:30）
＊正規職員と同様の勤務条件で、1年期限付きの職員
　（市の格付けによる）

◆部屋の使い方

※朝8:30までと、夕方5:30ころ以降は［共有の部屋］で遊ぶ。
※朝8:00までと、夕方6:00以降は他クラスと合同になります。

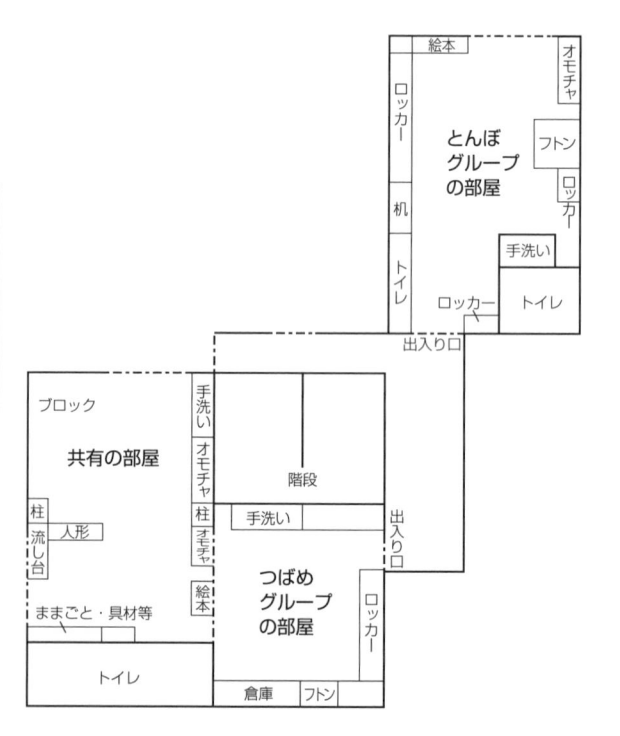

※8:30〜17:30ころまではグループに分けて保育をしています。
※つばめグループは［つばめグループの部屋］で生活し、［共有の部屋］で遊ぶ。とんぼグループは［とんぼグループの部屋］で生活し遊ぶ。(2009年度5月中旬より下記の日課)

◆日課

3年目の4月から5月中旬までは、みかんぐみ（3歳児）の子どもたちが安心して遊べるように、またりんごぐみ（4歳児）とくりぐみの子どもたちが今までの仲間関係を軸に落ち着いていけるように、8:30よりみかんぐみとりんご・くりぐみで2部屋に分かれるようにしました。そして受け入れから給食前まで3歳児と4、5歳児に分けて保育していくことにしました。

こうすることで、4月からの生活、部屋でのあそびは少しずつ落ち着いてきました。しかしつばめグループでは、担任がいないと落ち着かなくなるりゅうじ君（5歳）、さとし君（5歳）の姿があり、当面午睡まで担任がいるようにしてきました。

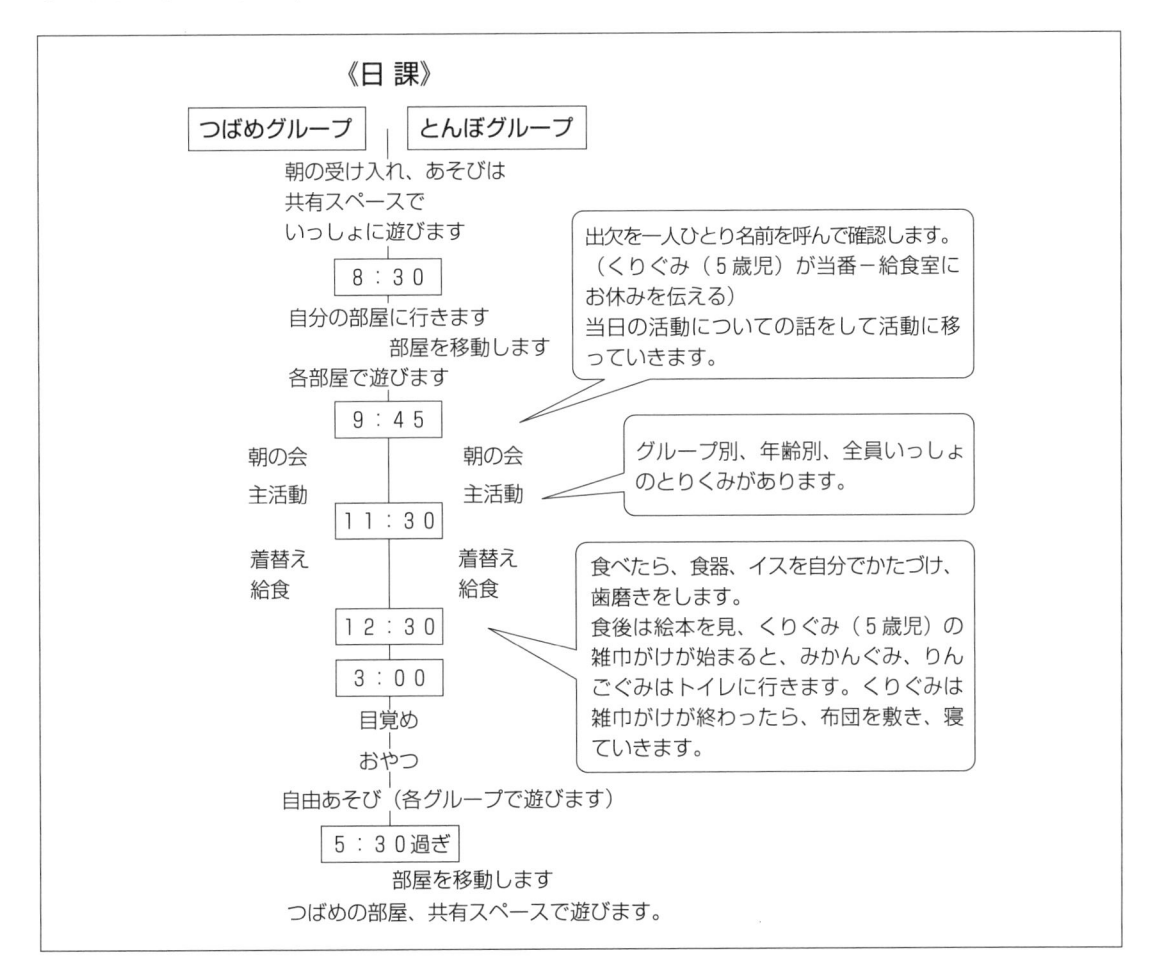

《日課》

つばめグループ	とんぼグループ

朝の受け入れ、あそびは共有スペースでいっしょに遊びます
8:30
自分の部屋に行きます　部屋を移動します
各部屋で遊びます
9:45
朝の会　　　　　朝の会
主活動　　　　　主活動
11:30
着替え　　　　　着替え
給食　　　　　　給食
12:30
3:00
目覚め
おやつ
自由あそび（各グループで遊びます）
5:30過ぎ
部屋を移動します
つばめの部屋、共有スペースで遊びます。

（吹き出し）出欠を一人ひとり名前を呼んで確認します。（くりぐみ（5歳児）が当番－給食室にお休みを伝える）当日の活動についての話をして活動に移っていきます。

（吹き出し）グループ別、年齢別、全員いっしょのとりくみがあります。

（吹き出し）食べたら、食器、イスを自分でかたづけ、歯磨きをします。食後は絵本を見、くりぐみ（5歳児）の雑巾がけが始まると、みかんぐみ、りんごぐみはトイレに行きます。くりぐみは雑巾がけが終わったら、布団を敷き、寝ていきます。

② 頼りにされ、慕われるうれしさ

(1) つばめグループ
　　—りゅうじ君（5歳）の姿から

　りゅうじ君は興味があることにはどんどん向かっていったり、話を聞こうとする姿はあるものの、目に映るものに興味が移りがちで、集中が途切れてしまいがちでした。

　見通しが持ちにくく、自分の気持ちをコントロールすることが難しく、思いが通らなかったりすると手が出たり、足が出たり、また、友だちとかかわろうとするけれど、自分の思いを押し通そうとしたり、結果的に友だちのあそびを邪魔するかたちになり、トラブルになることもありました。とくに場面が変わると気持ちが落ち着かなくなり、身体が動いてしまい、気持ちが高揚してくると、外からのことばが入りにくく、動きを止めることができなくなってしまう姿がありました。

　友だちとの関係も、同年齢の子と遊ぶことが少なく、自分が好きな子に「いっしょにあそぼ」と行くものの、自分の"こうしたい"という思いが先行して、友だちが嫌な表情をしてもおかまいなしで、トラブルになることもよくありました。そのため、小さい子からはもちろん、同年齢のなかでも"りゅうじ君は怖い"という気持ちが大きく、友だちからのアプローチも少なくなり、友だちと楽しく遊ぶより、1人で遊ぶことが多くありました。

　こうした姿を前に、異年齢の集団だからこそ、新しい関係をつくりながら友だちとかかわっていくことが心地よいと感じられるようになってほしい、担任との関係で落ち着いて生活できることを軸に、友だちのなかで落ち着いて生活でき、友だちの気持ちに少しずつ気づいて、自分の気持ちを自分でコントロールできるようになってほしいと思いました。

　りゅうじ君の得意なブロックには、みかんぐみの子どもたちから"すごい"と目が向けられるようになり、これはいいきっかけになると思いました。

4月9日夕方

　みかんぐみのけんじ君（3歳）が、りゅうじ君が作っているブロックをじっと見ていました。りゅうじ君はそれが気になって「見ないで！」と。それでもけんじ君はそこを離れませんでした。「けんじ君、りゅうじ君が何を作っているのかなって見てるんだよ」と保育者がりゅうじ君に話すと、ちょっと態度が変わってきました。今度は一生懸命自分が作ったものを説明していました。

　作ったものは【宝箱】のようで中にカード（ブロックをつないだもの）が入っていて、りゅうじ「けんちゃん、どれがいい？」けんじ「バナナ」りゅうじ「え？　バナナ？　これがバナナだよ」けんじ「（食べるまねをして）まずい」りゅうじ「バナナはこうやって食べるんだよ」と皮をむくまねをして再度けんじ君に「はい、バナナ」と。けんじ「おいしい」。そしてしばらくそんな会話が続いていきました。

このことがいいきっかけになって、りゅうじ君はけんじ君とのつながりが増え、ブロックのところで他のみかんぐみの子どもたちも少しずつかかわっていけるようになってきました。

　散歩での手つなぎでは、子どもたちの日々のつながりを大切にしながら、当初はみかんぐみとくりぐみを基本にして、みかんの子から「つなぎたい子」を決めていきました。
　りゅうじ君をよく指名してきたのがけんじ君でした。ブロック等で一緒に遊ぶこともよくあるからでしょう。「りゅうじ君と」と言われると「また？」と言いつつもとってもうれしそうでした。りゅうじ君を含めて、くりぐみの子どもたちには"ちょっと頼られてる？"という気持ちも芽生えたように思えました。

（2）とんぼグループ　　　　　　　　ーしんじ君（5歳）の姿から

　しんじ君は兄がいて、いろんなことを知っていたり、体育的なことが得意なこともあり、くりぐみのなかでは一目置かれているところがあります。しかし、自分であそびを見つけたり、じっくりと遊ぶことは苦手で、周りの子の言動がとても気になり、ちょっかいをかける、あげ足をとる、失敗を笑うなどの姿がありました。カッとなりやすいところもあり、みかん（3歳児）の子同士のトラブルに対しても一方的に怒り、頭をぐりぐり押さえたり、「もう（給食を）配ってあげんよ」と威圧的にかかわることもありました。とくにかん高い大きな声を出すみさきちゃん（3歳）や、「だめ」「ばか」ということが多いりゅういち君（3歳）に対して、強い態度に出ているように思いました。
　しんじ君の影響は大きく、周りの子を巻き込んでみかんぐみの子を押さえつけるようなかかわりになってしまうこともありました。集団あそびやカードゲームなどは好きで、勝つことにこだわり、いつも自分が優位に立っていたいようなところもありました。その一方で、おとなにはベタベタとくっついて甘える姿もある子です。
　そんなしんじ君はみかんぐみの子どもたちからは、「ちょっと怖い」と思われていたと思います。保育者も注意することが多くなっていたのですが、自分の得意な活動ではしっかりしていてリーダー的なところもあるので、もっと小さい子に頼りにされる経験があると変わっていけるのではないか、かかわりを広げていく中でお互いに違う面にも気づいていけるようになってほしいと思いました。
　しんじ君に「〇〇君と手をつないでくれる？」「ボタン、手伝ってあげて」等と保育者が意識して声をかけていくと、「今これやってるしー（できない）」ということもありましたが、「行くよ」と（かなりぶっきらぼうではありましたが）みかんぐみの子に声をかけていくしんじ君でした。
　みかんぐみのなかでも、さきちゃん（3歳）にはちょっとやさしく声をかけたり、気にかけていたので、まずはここをきっかけにと思い、さきちゃんがブロックを「つくって」と言っているときに、「（しんじ君）教えて（あげてくれ

5歳児同士での積み木あそび（2010年度のくりぐみの子どもたち）

る？）」とつなげていくようにしました。

　しんじ君に「ありがとう」と声をかけ、さきちゃんにも「よかったね。しんじ君やさしいね」と言うと、さきちゃんはまっすぐにしんじ君を見つめて、「しんじ君、ありがとう」と伝えます。そんなときは目をそらして照れながら、「うん、どういたしまして」と答えていました。はずかしいけどうれしい、しんじ君の気持ちが感じられました。

　6月ころには散歩のときに、さきちゃんからしんじ君に、「手つないで」と言いにいくことが増え、しんじ君もうれしそうでした。しんじ君も自ら「さきちゃん、ここ（肩ボタン）とれてるよ」と何気なくとめてあげたりして、何かと気にかけていることが増えてきました。

　みかんぐみの子に対するかかわり方がすごく変わったわけではありませんでしたが、さきちゃんに対するときのしんじ君の口調や表情は柔らかく、慕われている喜び、かわいいと思っていることが伝わってきました。

③ グループでのかかわりを広げていくために

（1）プール活動の取り組み方を変えて

　1年目、2年目、プール活動は発達課題を意識して年齢別に取り組んできました。そのために、子どもたちの動きが、みかんぐみの時間、りんごぐみ・くりぐみの時間と日々変わること、それにともない部屋移動があり、集団が変わることになりました。同じグループでありながら、それぞれの年齢クラスが違う動きをすることが、とくに見通しを持ちにくい子どもにとっては、不安に感じ、落ち着けない姿になっているのではないかと話してきました。

　そこで、部屋の移動がなく、集団も変わらないことで、子どもたちは見通しが持ちやすく、落ち着いて取り組みに向かっていけるように、この年度はグループ毎で取り組んでみようと思いました。また、グループごとで取り組んでいくにあたって、各年齢の課題・目標の押さえを

しながら、どの子も"楽しかった""できるようになってきた"と思えるような取り組みに、また、異年齢での取り組みとして、友だちの姿にしっかり目が向けられるようにしていこうと考えました。

プールに入る時間はさくらぐみ（2歳児）、とんぼグループ、つばめグループの3つで時間で入れ替わってきました。そしてプールは3m四方の幼児プール（深めにしてあります）と同じく3m四方のマリンプール（2歳児用）を使ってきました。まずは幼児用プールに全員で入り、その後自分が入りたいプールで楽しんできました。そして子どもたち一人ひとりの姿をみんなが意識できるように、見せっこをしてきました。

（2）友だちのがんばりにも目を向け、苦手なことへも挑戦

つばめグループのりゅうじ君は、プールの深さや冷たさにとまどいと不安を感じたみかんぐみのまなちゃん（3歳）がワニに挑戦していくと、りゅうじ君は「だいじょうぶだよ」「できるよ」「おっできた！」と真っ先に声をかけていました。そしてそのことばを保育者がもらって、みんなに伝えていくようにしていきました。そして日々の"今日はここまでできた"というちょっとした変化に、保育者は「ねえ、見た？今〜したんだよ」と気づかせることばをかけていきました。次第に、くりぐみの3人の男の子たちは、顔つけをがんばるみかんぐみやりんごぐみの友だちに「今日は5までできたね」、泳いでいるたまきちゃん（4歳）に「すげー！」等、素直に「すごい！」「がんばったね」と声をかけて、拍手してくれるようになっていきました。

こうしたみかんぐみ、りんごぐみの子どもたちの姿や、くりぐみの3人の女の子たちが「伏し浮きできるよ」とやっていくのも刺激になって、伏し浮きに挑戦していくゆうじ君（5歳）、さとし君（5歳）、りゅうじ君のくりぐみ男子3人組でした。

保育者が具体的に方法を伝えていくことで、"できるようになりたい"「やってみる」と挑戦していくりゅうじ君でした。逆にちょっとできないなと思うと避けてしまうさとし君、ゆうじ君でしたが、顔を見合わせて"ちょっとやってみよう"とアイコンタクトで挑戦していくようになってきました。みかんぐみ、りんごぐみの姿と合わせて、りゅうじ君の姿を目の前で見たことが気持ちを動かしたのだと思います。

そして挑戦していく姿をじっと見守る目は、くりぐみだけではなく、みかんぐみ、りんごぐみの子どもたちの見つめる目もありました。そのことによって"ぼくを見てくれてる"ということを感じてきたのではないかと思いました。

「ぼく10までできた！」と喜ぶりゅうじ君に、「りゅうじ君、すげー！」とさとし君、ゆうじ君です。そして「鼻に水が入るからいやなんだ」と言うさとし君、ゆうじ君に「息を止めてやればいいってパパが教えてくれた。ぼくこうやってるよ」と自分はこうやっているということを伝えていく姿も出てきました。

プール活動を通して"グループの友だち一人

ひとり"に目が向けられるようになってきたように思いました。そしてみかんぐみ、りんごぐみの子どもたちに見られていることを意識しながら、"一緒にがんばってできるようになってきたね"という共通の気持ちがくりぐみの男の子3人の距離をグッと縮めたように思いました。そして"くりぐみさん、がんばってる"とみかんぐみ、りんごぐみの子どもたちは感じていったように思いました。

その友だちとの関係をさらに広げていったのが運動会でした。

④ 仲間のなかで認められて

（1）運動会の取り組み方を見直す

運動会に向かっていくにあたっても、当初は年齢別に取り組んでいくことが当たり前という思いが強くありました。しかしプール活動での子どもたちの様子を見て、私たちは友だちとのかかわりの広がり、友だちを見る目が変わってきていることを感じました。

―運動会のねらい―
①見せたいこと等はグループで決め、一人ひとりの子どもたちが期待や意欲をもって取り組めるようにし、達成感を感じられるようにする。
②友だちの姿に目を向け、やり方を伝えあう中で励ましあい、認めあえる関係をつくり、仲間意識を高めていけるようにする。

こうしたねらいをもって、運動会も日常のあそびの過程を含め、初めて異年齢のグループで取り組んでいくことにしました。種目は下記のようにし、指導方法は担任間で話しながらすすめてきました。

◎鉄棒を共通の取り組みにしました。
　3歳児－［ぶたの丸焼き］か［足抜きまわり］
　4歳児－［こうもり］等逆さ感覚が楽しめる技
　　　　　を含めて2つの技
　5歳児－［逆上がり］
◎グループ独自の取り組みは、子どもたちと話しあって、以下のようにしました。
とんぼグループは、
　　3歳児－ケンケン
　　4歳児－缶ポックリ
　　5歳児－紐なし天狗げた
つばめグループは、縄を使って、
　　3歳児－少し高さをつけて跳び越える
　　4歳児－回る大縄を5回跳んで抜ける
　　5歳児－回る大縄に入り、5回跳んで抜け、
　　　　　　次の子が入る
◎毎年行ってきたリレーは5歳児の取り組みとして残してきました。

（2）異年齢のなかで認めあい、応援しあいながら

◆ "できたね。ぼくもできたよ"
　（つばめグループ）

運動会に向かうところで、ますますみかんぐみ、りんごぐみの子どもたちの姿に目が向くよ

うになってきたりゅうじ君です。小さい子に「手を離しちゃダメ！」「しっかり足をかけて！」と自分が経験してきたことを伝えていきます。そして「ぼくも前はできなかったんだよ」と言いながら「こうやってやるんだよ」と、こうもりや前回りを見せるりゅうじ君でした。

鉄棒では、くりぐみのやる技を見て、"自分もできるようになりたい"という思いを胸にいっぱい膨らませていくみかんぐみ、りんごぐみの子どもたちでした。とくにりんごぐみのりく君（4歳）は"[こうもり]ができるようになりたい"と思いつつもなかなか思うようにいかず、鉄棒になかなか向かえない姿もありました。それでもくりぐみの子どもたちが何回も[逆上がり]に挑戦していく姿、みかんぐみ、同じりんごぐみの子どもたちがいろいろな技に挑戦し失敗しても何度も向かっていく姿を見て、少しずつ鉄棒に向かってくるようになってきました。

ある日、りく君がこうもりを自分一人でできた姿を見ていたりゅうじ君は、「りく君がこうもりできたよ！」と部屋で遊んでいる子にアピールしていました。そしてりく君には手で親指を立てて見せ、"やったな"と言いたげでした。

りゅうじ君自身も日々"絶対できるようになるんだ"と、夕方の時間、降園後の公園でも練習をしていました。そして……。

9月18日　初めてできた

りゅうじ君は鉄棒に向かう前、「ぼくね　昨日1回できたんだ。だけど1回だけだよ」と遠慮気味に、自信なさそうに保育者に話してきました。

そして1回目で体が鉄棒を巻き、上がることができたのです（そのまま落ちてしまいましたが）。すると「りゅうじ君すごい」と見ていた子どもたちから拍手が起こりました。本人はできると思っていなかったようで、しばし呆然としていました。

そして我に返ったように「できた！」「もう一回やってみる」と言ってきました。いつもなら早く自分がやりたくて「1回だけだよ」と言いそうなさとし君でしたが、何も言わずにじっと見ていました。そのときはできなかったけれど、「またやりたい」と、以前の自信無さ気な表情から、より意欲的になったりゅうじ君でした。

5歳児3人、4歳児1人、3歳児1人の花いちもんめ（2010年度の子どもたち）

この日の帰りの会で――
保「今日、鉄棒やったね。どうだったかな？」
りゅうじ「今日　逆上がりができた」
保（よし、自分から言ってきたぞ）「そうだよね。りゅうちゃん　今日できたもんね」
ゆうじ「ぼくも　ちょっとできなかったけど　またできるようになった」
りゅうじ「ゆうじ君のが　ぼくに移ったのかな」
保「ゆうじ君の力が、りゅうちゃんに移ったのかもしれんね」

　自分ができたときに、まわりの子どもたちが一緒に喜んでくれたことで、できたことを"自分が"だけではなく、声をかけてくれる友だちの力も感じてきているのではないかと思いました。そして友だちは"自分も見てくれている"ということも実感できたのではないかと思いました。
　鉄棒ではいつもくりぐみ男子３人（りゅうじ君、さとし君、ゆうじ君）が一緒になって"完璧にできるように"練習していました。くりぐみの男の子３人の結びつきがさらに深まっていけると感じました。プール活動で芽生えた仲間意識が、"おれたち、仲間"という気持ちへと変わってきているように思いました。また、大縄とびの取り組みでは、"くりぐみのみんなで回っている縄を止めないで跳べるようになりたい"と、つばめグループのくりぐみ６人で決めた目標に向かって、失敗しても「もう少しだった」と再度みんなで挑戦していきました。リレーに取り組む中でも、みかんぐみ、りんごぐみの子どもたちが「がんばってー！」と応援する姿を前に、くりぐみの子どもたちは"よし、がんばるぞ！"という気持ちになって力いっぱい走りました。
　こういう姿を見て、みかんぐみ、りんごぐみの子どもたちは"くりぐみさんってすごい"と感じ、〈憧れ〉になっていくと思いました。

◆ "一緒に練習しよう"（とんぼグループ）
　鉄棒は得意で、逆上がりも早くからできていたしんじ君。プール活動では、りんごやみかんの友だちにも目が向き、頑張っていることを認めたり励ましたりする姿も見られました。しかし鉄棒では、「もっと完璧にやる」と自分は何回も鉄棒に向かっていくけれど、友だちの姿を初めはあまり見ていませんでした。
　保育士は、運動会で何を見せたいか出しあっていくことや、くりぐみには前まわりや足抜きまわりを見せてもらったり、どうしたらできるかということもみんなに話してもらったりすることも大切にしてきました。しんじ君は、「オレできるし……」と言うこともありましたが、「逆上がりがやれるようになりたい」という、くりぐみのまりちゃん（５歳）やかずお君（５歳）のことばを聞き、「どうするといいかな？」としんじ君にも投げかけてきました。

９月28日　朝の会にて
保「まりちゃん、かずお君もできるようになりたいんだって。しんじ君はどうやったらできた？　教えて」
しんじ「うーん、まずバランスをとって、足でポンてけるんだよ」
と自分のことばで伝えてくれました。

他の子どもたちも足でポンとけったらできたと話していました。
保「そっかー。足で床を勢いよくけるといいって。どう？」
まり・かずお（うなずいて聞いている）
保「これからも　練習していこうね」

　まりちゃんとかずお君は、うまくいかずに悔しい思いをしていたと思いますが、このことばに励まされて、鉄棒に向かう姿が増えていきました。
　一方、りんごぐみのみきちゃん（4歳）、なつこちゃん（4歳）が「前まわりがまだ心配」と言っていると、「腕にぐっと力を入れて」「ゆっくりまわるんだよ」と伝えたり、やって見せているくりぐみのゆみちゃん（5歳）、ひとし君（5歳）の姿もありました。しんいち君（4歳）、たろう君（4歳）が連続技に挑戦していると「ゆっくり足おろして」「がんばれ」という声がくりぐみからかかります。そんな声にさらに張り切って練習に向かうりんごぐみの子どもたちでした。
　みかんぐみは、鉄棒をするのがうれしそうでしたが、少しやったらあそびに行ってしまうことが初めはよくありました。夕方はつばめグループとも一緒に練習することが多かったのですが、とんぼの部屋でとんぼだけで練習するときは、何回も列に並んでりんごや、くりの子の姿もよく見て、いろいろな技に挑戦していく姿もありました。みかんの子にとっては、いつも過ごしている場所、仲間がやっぱり安心できるのだなと感じました。「豚の丸焼き」をしていると、くりぐみが一緒にカウントしたり「すごいじゃん」と声をかけると、みかんの子もすごくうれしそうでした。

10月9日夕方　くりぐみ同士のかかわり
　まりちゃん（5歳）が腰を支えるようにロープも使いながら、保育者と逆上がりの練習をしていると、足がもう少し上がればというときに思わずかけよって足を支えようとするひとし君（5歳）。「アーおしい」「あと少しだったよ」と声をかけるゆみちゃん、かずし君（5歳）。そのときはじっと見ていたしんじ君でしたが、その後「まりちゃん、一緒に練習しよう」ととなり同士の鉄棒で、「ここ見とってね」と腕の形を伝えながらやってみせたり、「今度は、せーので一緒にやろう」と蹴るタイミングを伝えていっていました。

　プールでの経験が友だちのがんばっている姿を認め、「もっとこうするといいよ」と自分から伝えていく姿になっていったのではないかと思います。根気よくまりちゃんに付きあっていくしんじ君の姿に保育者は驚きを感じるとともに、ほんとにうれしく「しんじ君、ありがとね」と言うと、「うん。また練習しよう」とまりちゃんに伝えていました。まりちゃんもうれしそうでした。

　こんなふうに運動会に向かっていくことができました。そして運動会当日は、練習してきたことを堂々と笑顔いっぱいで披露し、拍手をいっぱいもらって、大きな自信にしてきた子どもたちです。

2010年の合宿で子どもたちが毎年夢中になる虫とり

（3）運動会後、異年齢で教えあい、伝えあう

◆缶ぽっくり、天狗げたの伝授－10月29日（とんぼグループ）

　この日缶ぽっくりをみかんぐみに、天狗げたをりんごぐみに伝授することになりました。運動会でも取り組んできて、身近で上の子達がやっているのを見てきていることもあり、「次は自分たち」と期待いっぱいのみかん、りんごの子どもたちでした。

　まずりんごの子たちがみかんぐみに缶ぽっくりのやり方を伝えているのを見て、くりぐみの子たちは「おれたちも教えていい？」と一緒にひもがねじれたのを直してあげたりしながら「できたじゃん」と声をかけていました。そして次は天狗げた。げたの歯が一本なのでぐらぐらします。「難しい」というりんごの子に、
　しんじ「だいじょうぶ、ここ押さえといてあげるから、足のせて」
　かずお（5歳）「これははじめが難しいんだよね」
　かずし（5歳）「でも乗れるようになったら簡単だよ」
　ひとし（5歳）「これが乗れるようになったら、ひもなし天狗げたも乗れるようになるからね」

　みんな自分たちが初めて乗ったときのことも思い出しながら、声をかけていました。りんごぐみのたろう君（4歳）が「うん、じゃあいっぱい練習して、ひもなし天狗げたに乗るよ」と言ってました。

　天狗げたのコツをつかんで歩き出したしんいち君（4歳）、たろう君。バランスを取るのが難しかったけど、少しずつ歩けるようになっていったなつこちゃん（4歳）みきちゃん（4歳）。「乗れた！」とうれしそうな姿に、くりぐみの子どもたちも「いい感じ」「やったー」と満足そうでした。そんな姿を見ながら、そういえば去年くりぐみの子どもたちから、こんなふうにやり方を伝えてもらっていたなとなつかしく思い出しました。

　運動会の取り組みを通して、りんご、みかんの子どもたちにも目が向けられるようになってきたくりぐみの子どもたち。今まで自分たちが経験して実感してきたこと、そして大きい子にしてもらったことを伝えていく中で、小さい子たちがあそびをより楽しめるようになったり、技術を習得していく姿をうれしそうに見守っている姿には、「くりぐみだもん」という自信や誇らしい気持ちがあふれているように思います。

Chapter ❻ 心地よい関係のなかで育ちあう

◆氷オニが楽しい（つばめグループ）

運動会をはさんで、つばめグループでは、おやつ後の自由あそびで、くりぐみの男の子を中心に集団あそび、とくに『氷オニ』が楽しくなってきました。

夕方園庭に出ると、「氷オニやろう」「氷オニやりたい人～」と声をあげるゆうじ君、さとし君。すると「いっしょにやってもいい？」とりゅうじ君も入ってくるようになってきました。くりぐみ男子3人組が軸になって、保育者が入らなくてもあそびが始まっていきました。

りゅうじ君は、以前は園庭に出ると"自分のあそび―虫探しや砂あそび"を始めることが多かったのですが、集団あそびをやりたい、友だちと一緒にやりたいという姿がでてきて、うれしく思いました。ときにはくりぐみの女の子や、りんごぐみの子どもたち、みかんぐみの子どもたちも入ってくることも増えてきて、ますます楽しくなってきていました。

氷オニでは自分たちでオニを決め、「休憩するところ」をつくり、やりながらオニを替わったりしながら楽しんでいました。そしてルールがよくわかっていないなとみれば、「タッチされたら止まるんだよ」等伝えていくくりぐみの子どもたちです。しかし、りゅうじ君はときには伝えようという思いが強く、口調がきつくなってしまうこともあります。

10月15日 ―いっしょにやりたいな―

みかんぐみのことえちゃん（3歳）は一度園庭でゆうじ君、さとし君、りゅうじ君たちと一緒に氷オニをやったことがよっぽど楽しかったようで、次の日には「ゆうじ君、いっしょにやろ」「りゅうじ君、いっしょにやろ」と自分から誘っていく姿がありました。それを聞いた2人。

ゆうじ「りゅうじ君、ことえちゃんがまたやりたいんだって」
りゅうじ「しょうがないから、園庭に行ったときにやろう」
ゆうじ「じゃあ、ことえちゃん、園庭に行ったときにやろうね」

ことえちゃんの「いっしょにやろ」ということばは、りゅうじ君、ゆうじ君は、きっとうれしい気持ちでいっぱいだったと思います。ぼくたちと一緒に遊んで楽しかったんだといううれしさと"慕われてる"ということを実感したのではないか思います。

くりぐみの子どもたちは、他にも［へびじゃんけん］［かごめかごめ］等に「いれて」という異年齢の子どもたちを「いいよ」と仲間に入れ、ルールを伝えたりして一緒に遊ぶことを楽しんでいます。そしてみかんぐみの楽しそうな姿が見えるから、「みかんぐみだからしょうがないか」と大目に見てあげる見方もできるようになってきていると思います。

おわりに

大変な状況のなかで始まったこの年の保育。落ち着かず、集まるとけんかばかりで、なかなか話しあうこともできなかったくりぐみの子どもたちが変わってきたなと感じられたのは、7月上旬の合宿を経験してからでした。

「何がしたいか」を出しあい、準備をすすめ、合宿当日は大好きな虫とりをたっぷりと楽しみ、天狗げたで走り回り、「たからもの」を12

人で力をあわせて見つけ、みんなで保育園に泊まり、「たのしかった～」と満足感いっぱいのくりぐみの子どもたちでした。
　この合宿を機に「自分たちはくりぐみ」という自覚や誇りが芽生えてきたように感じます。このころから朝の会で「静かにしよう」とりんご、みかんの子に声をかけたり、当番や掃除を自分たちでしっかりやりきろうと自覚的に向かうことが増えてきたように思います。そして、プール活動などを通して、一人ひとりが達成感を感じ、「くりぐみさん、すごい！」と認めてくれるりんご、みかんぐみの子どもたちがいて、少しずつですが「自分」の主張だけでなく、みかん、りんごの子どもたちにも目が向けられるようになっていったように思います。
　そして運動会でも「やりたい」「みせたい」と自分たちで決めたことに意欲的に向かっていきながら、当日たくさんの人の前で堂々と力を発揮し、拍手をいっぱいもらった子どもたちです。大きな自信と「みんなでやったね」という達成感を感じ、くりぐみとしての〔誇り〕をさらにふくらませることができたのではないかと思います。

　異年齢保育を始めて、いろいろ試行錯誤しながらの３年間でした。１年目２年目では、生活の流れが一定せず、子どもたちが落ち着けずかえってトラブルも多くなっていたのかもしれません。また、保育者が"こうしたい"という思いが強く、なかなか子どもの気持ちに気づけなかったり、おとながいろいろなことを決めてしまったりすることもあったと思います。

　３年目、まだまだ不十分なところもありますが、いつも一緒に過ごしている仲間という安心感が感じられるようになってきたなと思っています。こうした安心感が、いろいろなことに向かっていくうえで、子どもたちの心の支えにもなっていると思います。
　集団は年々入れ替わっていきますが、その１年１年で子どもたちはいい刺激をもらい、かかわり方を学んできていると思います。そのことを積み重ねていく中で仲間関係が深まってきて、異年齢の子ども同士の間での距離感が縮まってきたのではないかと実感しています。そしてようやく異年齢保育のスタートに立てたように感じています。
　今後もさらに環境、保育の組み立て方、集団づくりなど、各年齢の発達もふまえ、子ども一人ひとりをじっくり見つめながら、どのようにしていくといいのか考えていきたいと思います。
　　　　　　　　　　　（玉置 幸司・山田 淑枝）

●あいかわ保育園実践報告へのコメント

◆安心して落ち着いて過ごせるために

あいかわ保育園の実践では、友だちとのかかわりが広がっていく基礎として、安心し落ち着いて過ごせることを重視しています。そのため、生活の基礎となる集団の人数を少なくし、部屋の移動を少なくするため、幼児クラス30数名を2グループに分けて、朝夕の合同保育の時間以外は、基本的に2部屋に分かれて生活・活動するようにしていっています。子どもたちは自分たちの部屋という所属意識ももて、安心・安定できるようになっているようです。子どもたちの人数、保育者の体制、部屋の条件等を考慮して、落ち着いて過ごせる環境をつくる必要があります。

クラス集団の落ち着きのなさは、子どもたちの特性によるものもありますが、異年齢保育の積み重ねが少ないことも影響しているかもしれません。異年齢保育3年目の5歳児は、前年度3月から4、5月にかけて、憧れていた上の年齢の子どもたちが部屋からいなくなったことにより、いっそう不安定になっています。しかし、「ようやく異年齢保育のスタートに立てたように感じています」と述べられているように、これから異年齢保育が定着し、落ち着いてくるのではないかと思われます。

◆異年齢クラス（部屋）で課業的な活動に取り組む

年齢によって課題が違う課業的な活動には、年齢別に分かれて取り組むことがあります。しかし、年齢別活動をたくさん入れると、移動が多くなったり、担当の保育者が変わったり、活動が細切れになったりして、落ち着かなくなりやすいということで、異年齢のグループ（部屋）ごとにプール活動や運動会に向けての活動に取り組んだのが、あいかわ保育園の実践です。生活場面での集団とあそびや活動の場面の集団をなるべく一致させ、安心感をもたせていこうという試みです。いつも一緒にあそび、共に過ごしている仲間と一緒という安心感があり、同じ生活の流れで一緒に動くので見通しがもちやすくわかりやすくなります。また、クラス（部屋）で取り組むことで、子ども一人ひとりが、友だちに目を向けやすくなります。

運動会当日では、部屋ごとに出番になることによって、他の年齢の出番

のために担任がいなくなるなどということがなく、保育者や友だちと一体感をもって力を発揮したり応援したりできます。もちろん、このような運動会が必要なのかどうかは、議論の余地があるでしょう。

◆異年齢の部屋で話しあって決める

　運動会の種目や応援のしかたなどを、クラス（部屋）ごとに話しあって決めています。日常的に部屋で楽しんできたことが少し違っているので、種目も違うものに決まったようです。自分たちの決めたことだから、意欲的に活動に向かっていけます。異年齢で取り組むときは、大きい子たちだけで決めてしまうのではなく、小さい子たちの意見も聞きながら（十分表現できないとしても納得できるように）、みんなで決めていくことが大切だと言えます。

◆異年齢での認めあいと意欲の高まり

　異年齢の子どもたちが同じ空間にいて、それぞれの課題に取り組むことによって、目の前で違う年齢の子の姿を見ることができ、お互いに刺激され、認められやすく、自己コントロールもできやすくなるようです。まだ達成できていない子も、友だちががんばっているのを見たり、応援してもらって、意欲的になったり、教えあうようになっていっています。また、3歳児同士ではお互いにほめあうことはあまりなくても、そこに大きい子がいると「すごい！」とほめて認めてくれて、3歳児も自信がつくようです。もちろん、子どもたちは「できる・できない」だけで友だちを見るのではなく、がんばっていることを認めあい、「できる」ことにこだわらない価値観を身につけていっています。

　このようなよさは自然に生まれるのではなく、保育者が見せあいっこの時間をつくったり、頑張ってできたことに気づかせることばをかけたり、教えあう機会を設けて、子どもたちをつなげる働きかけをしています。

◆5歳児の誇りとは

　5歳児は、3、4歳児に憧れられたり、「すごい！」と言われたり頼られたりして、自分のよさに気づいていっています。このようななかで、5歳児はとくに、自分の弱さやかっこ悪さもさらけだせ、苦手なことにも挑戦し、自己肯定感をもち、誇りを感じることができるのではないでしょ

か。運動会後には、5歳児に余裕が感じられ、保育者が言わなくても自然と教えあい、伝えあいが生まれています。そして、5歳児が「ボクも前はできなかった、泣けちゃったけど、練習してできるようになったよ」と言ってくれると、3、4歳児もほっとして、自分もできるかもしれないと思え、5歳児を目標にするようです。

また、5歳児は異年齢で活動していると、下の年齢の子どもたちの課題となっていることをやったりすることもありますが、最終的には5歳児の課題に挑戦していくようになるようです。子どもたちの発達やカリキュラムは直線的に進むのではなく、螺旋的に、以前やったことを反復しながら、楽しみながら次の課題に向かっていくのではないでしょうか。

(山本　理絵)

第7章 ぽっぽ保育園

「離れてたって仲間なんだ!」
小規模保育所における異年齢・交流保育

はじめに

　ぽっぽ保育園はくわみず病院の院内保育所で、休日保育、夜間保育、泊まり保育（夜勤の看護師の子ども）を行い、おもに病院で働く職員の子どもたちが通園しています。定員は30名で、0・1歳児クラス、1・2歳児クラス、3・4・5歳児クラスの3クラスで保育しています。熊本市の中心部、県庁の隣に位置し、交通量も多いのですが、公園も多く、県庁の林や江津湖（湧水の湖）などがあり自然に恵まれた環境で、散歩や江津湖での水あそびなども楽しんでいます。

　また、姉妹園として、同じ医療法人の菊陽病院の院内保育所・菊陽ぽっぽ保育園があります。くわみずぽっぽ保育園と同じ30名定員です。熊本市の隣に位置し、くわみずからは車で30分ほどの距離です。新興住宅が増え人口も急増しています。しかし菊陽ぽっぽ保育園の周りは、田んぼやにんじん畑が広がり、少し足を伸ばすと、馬牧場や、牛小屋などもあります。くわみずは敷地も狭く園庭も7坪程しかありませんが、菊陽は広いホールと園庭があります。

　保育者も両園の間で転勤があり、どちらの保育園にも勤務したことがあります。

　「育て！　光と風と土と水と」を合言葉に、
・心身ともにたくましく、生き生きと遊べる子ども
・自分の要求を持ち、それを表現できる子ども
・自分のことは自分でやりきる子ども
・自然を愛し、仲間を大切にする子ども
・表現豊かで、感動できる子ども

を保育目標に、自然や仲間のなかで「意欲」「生きる力」「人間らしさ」をはぐくむ保育を目指しています。

　両園は年間を通して交流保育を行っており、運動会や発表会、お泊り保育など合同で行事をしたり、くわみず病院と菊陽病院の間を走るマイクロバス（一日に5往復）に乗り、互いの園を行き来し、湖で水あそび、芋ほり、リズム交流などもしています。

　同年齢の集団が増えることで、互いの姿や発言に刺激されやる気になったり、ライバル意識を持ったりして、互いの違いを発見し、憧れ、認めあい、ときには悔しさも味わう中で、ともに育ちあえる関係を目指しています。

◆「もうひとつの家族」小さい保育園の子どもたちの育ち

　一人っ子のモモカ（3歳）に母親が、「モモカのお兄ちゃんは？」と聞くと「ジュンペイ君とかシンちゃん！」と年長さんの名前をあげたことがありました。「『お兄ちゃんはいない』と答えるかなと思っていたら、年長さんの名前が出たので、びっくりしました。一人っ子でもお

兄ちゃんができていいですね」と母親がしみじみ言われたことがありました。

一人っ子のモモカにとってお兄ちゃんとは、憧れの存在でもあり、困ったことがあると、手助けしてくれる一番身近な年長さんだったのでしょう。

また、母親が夜勤で泊まり保育をしていたレイナ（3歳）が、泣き出したコウガ（2歳）に「なんで泣くの？　淋しいと？　お母さんがいないけん？　レイナもママおらんけん淋しいけど、ごはん食べたらすぐ来るっていったよ。お泊りは楽しいよ。レイナちゃんもいるし、ヤマト（弟）もいるし、真由美先生もいるけん淋しくないよ」と何回も繰り返し話していました。自分も淋しい気持ちはあるけど、年下のコウガをなぐさめようとするやさしい姿に涙が出た……と当直の保育者が話してくれました。

少人数で夜間、泊まり保育と小さいころから保育園で生活をともにしてきた子どもたちは、ときに保育者以上に友だちの気持ちに寄り添ってくれるときがあります。

職場保育所は、少人数で家庭的な雰囲気のなかで育ちあいます。

しかし、少人数で小さいころから一緒にすごしていることでは、互いのイメージや力関係が固定化し、馴れあいの関係からもう一歩深められないという点や、年長児が一人など極端に集団が少ない場合の、就学に向けた不安や課題もあります。ここではこうした課題を克服するために取り組んできた交流保育を中心に報告します。

① 交流保育 〜離れていても、日常の交流と大きな行事で心はひとつに！〜

（1）年間の交流内容
〜交流は同じ目標に取り組む仲間づくり〜

一般的に交流保育は、あそびや遠足などの単発的な交流や、園対抗のゲームなどの交流が多いと思います。しかしぽっぽ保育園では、大きな行事であるお泊り保育・運動会・発表会を同年齢集団でより充実し取り組むため、「同じ目標を一緒に取り組む仲間作り」を中心にすえ、そのための日常的な交流も大切にしています。

年間の活動は次のように行っています（次項）。

◆共同の大きな行事

夏の行事、お泊り保育へ向けては、春からの両園の子どもたちにぴったりなあそびや仕掛けをしていきます。ある年は忍者から手紙が届き、お泊り保育当日、忍者修行をし、手裏剣をもらったり、ある年はいかだ作りをして、いかだあそびをしたり、ふたつの園の子どもたちがわくわくドキドキするようなテーマを見つけ、仕掛けていきます。

1ヵ月前くらいから、具体的にお泊り保育に向けての交流を始めます。両園混合の4、5歳児お泊り保育グループを作り、当日の夜にするお楽しみ会のグループごとの出し物を決めたり

2010年度3・4・5歳児の年間交流保育予定表

	共同の行事	日常の交流
4月	金峰山のぼり（4・5歳児）	
5月	芋苗植え	リズム・散歩・桑のみ取り・自由あそび
6月		お泊り保育のグループ決め・旗作り
7月	平和行進 お泊り保育（4・5歳児）	お泊り保育の買い物・出し物の練習 プール・リズム
8月		リズム・プール・江津湖・自由あそび
9月	運動会合同練習	野外劇・技・かけっこなど部分的にする
10月	運動会	リハーサル2回 野外劇を合わせる・技・かけっこ
11月	九重登山（5歳児）・芋ほり	リズム・散歩・ゲーム
12月		リズム・鬼ごっこ・自由あそび 年賀状を出し合う
1月	どんどや	リズム・鬼ごっこ・自由あそび
2月	発表会	リハーサル2回 合奏を合わせる
3月	年長合宿（5歳児）	卒園式にお祝いメッセージを出し合う

練習したりします。お泊り保育当日まで4、5回交流し一緒に準備します（このように、お泊り保育の内容をつめるときは、3歳児はフリーの保育者にみてもらいます）。

当日は、メインの活動のほか、夕食作りや夜にお楽しみ会でグループごとの出し物をしたり、肝だめしなどして泊まり、翌日がんばった会で、みんなでお泊りの成功を喜びあいます。お泊り保育に取り組む中で、子どもたちの仲間意識はぐっと深まります。そしてその仲間意識を秋の運動会へとつなげていくのです。

運動会に向けて、春からの子どもたちのあそびや、お泊り保育でつけた自信や仲間意識をつなげ、9月ころより週に1回くらい交流を始めます。運動会で披露する表現活動はお泊り保育で取り組んだ探検あそびを野外劇にしたり、御神楽やエイサーなどの民舞に取り組んだりします。

まず表現活動など両園が心を合わせていくものを中心につくっていきます。運動会の場所がくわみずのぽっぽ保育園の近くなので、運動会の交流はくわみず中心になります。保育体制もフリーの保育士を入れ、年齢別に分け細かく練習したり、5歳児が表現活動をしているときは、3、4歳児がかけっこや鉄棒などしたりして短い交流時間でできるよう、工夫していきます。

表現活動はくわみずと菊陽で一緒に協力して作り上げますが、体形や順番などは各園で練習しやすいように分けます。交流保育3年目という積み重ねのある5歳児は、かけっこや竹馬、鉄棒など、同年齢の活動をする中で自然とライバル意識を燃やしたり、教えあったりする姿があります。3、4歳児に対しては保育者が互いに目が向くよう声かけしたり、苦手な子に教えてくれるようこっそりお願いしたり、意識的に子ども同士をつないでいきます。3、4、5歳児ともにライバル意識が芽生えていき、交流のたびに見せあったり、教えあったり、できるようになったことを喜びあい、認めあえる関係になっていきます。

冬の発表会は一年間の保育の集大成です。一年を通して遊んできたことや、子どもたちの育ってきたなぁと思うところを両園の担任で出しあい、劇の題材を決めていきます。ひとつの劇をくわみず、菊陽合同で作るのです。劇の題材

＜ある日の交流保育＞

　くわみずぽっぽ保育園の3、4、5歳児が菊陽ぽっぽ保育園へ交流しに行ったある日のようすです。

　月に3回のリズム交流の日。くわみずの子どもたちは、朝7時35分にくわみず病院の玄関前集合です。交流の日は、いつもより早めに保護者の方に、直接集合場所へ連れて来てもらいます。移動時間は約30分。バスの中も子どもたちは、しりとりやジャンケンをしたりおしゃべりを楽しんだりしています。途中に飴玉をもらうのも楽しみのひとつです。

　菊陽に8時15分に着き、荷物を部屋に置いて、トイレを済ますと、しばらく園庭で菊陽さんと一緒に自由遊びです。くわみずは園庭が狭い（7坪ほど）ので、菊陽の広い園庭で、滑り台をしたり、藤棚に下がったロープでターザンをしたり、スクーターに乗り楽しみます。

　8時50分からホールの雑巾がけが始まります。保育者も混じってみんなで雑巾がけ競争です。その後、3、4、5歳児クラスくじら組で朝のお集まりをします。

　9時15分からホールで歌とリズム。3歳児、4歳児、5歳児に分かれホールの周りに座り交代で出てきて、リズムをします。

　10時30分からは菊陽さんの散歩コースに出発。しょうゆ工場の横を通り、「なんか変なにおいがする！」というくわみずの子に、「しょうゆのにおいよ」と教えてくれました。田んぼのおたまじゃくしを見たり、「ねずみばあさんのトンネル」など菊陽さんに紹介してもらいました。5月に植えた芋苗のようすも畑に見に行き、忍者の道という畑から保育園への近道（塀の上を渡る）を通って約40分の散歩を楽しみました。

　11時30分のバスに乗り、12時10分にはくわみずに帰り着きました。

　午前中の交流（約3時間）が中心で、お昼には園に帰り自分の園で給食を食べています。子どもたちが慣れてくると、時々互いの園で給食もお願いして、お布団も借りてお昼寝までしてくることもあります。

　保育体制は日常的な遊びの交流のときは担任一人ですが、公共の交通機関を使うときや、遠足や行事へ向けての交流のときは各園2人体制をとっています。

が決まると、それぞれの園で、ごっこあそびをしていきます。そして1月ころより交流保育のなかでも、登場人物はどんな気持ちだったか出しあい、子どもたちから出たイメージを付き合わせ、劇の大枠を作っていきます。

とくに5歳児はくわみず、菊陽一緒に劇への思いや、登場人物の気持ちを出しあい、互いの意見を聞きながら、セリフや動きなどを作る中心になります。運動会と同じように、交流のときには同年齢のパートに別れ、交代で場面、場面を演じあったり、互いに見せあうことで、劇づくりへの気持ちが高まっていきます。

◆日常的交流活動

共同の大きな行事は、日常の交流が基礎をつくっていきます。なぜならば、日ごろの交流で、相手のことを知り、楽しい経験の積み重ねで共感し、お泊り保育や発表会のように一緒に話しあって決め、作っていくような関係ができてくるのです。

春は、まずなかよしになりやすい交流をします。4、5歳児は昨年、一昨年の経験がありますが、3歳児ははじめての本格的な交流保育で、人見知りしたり、場所見知りしたりする子もいます。保育者の出会いの工夫がいるところです。

そこで、年度が変わり新しい交流保育が始まるとき、子ども同士が会う前に、まずは保育者が相手の子どもたちとなかよしになっておくのです。保育者同士の打ちあわせなどで相手の園に出向くときは、必ずクラスに立ち寄り子どもたちとおしゃべりして、まずは保育者に慣れてもらいます。そして「今度くわみずさん連れてくるけん、野イチゴ採りに連れて行ってね」などお願いしたりして、心の準備をしてもらうのです。

くわみずに帰ってからは、「菊陽さんには、野いちごがなってるんだって！採りに連れて行ってくれるって」と伝え、子どもたちが交流を楽しみにできるようにします。そうしたうえでクラス同士の交流を始めると、恥ずかしがりながらも、笑顔で出迎えてくれるようです。

まずは室内よりも、互いの園の周りのいつもの散歩コースに出かけます。「野イチゴがあるとこ教えてあげる」「ここは忍者の道だよ。コケないようにね」と自分の縄張り（?!）を誇らしげに紹介してくれます。そして、リズムや、つながりあそびで、少しずつ距離を縮め、慣れてきたころにゲームなどで対戦していくと、"くわみず対菊陽"で盛り上がっていくのです。さらに探検ごっこなど同じ体験でドキドキワクワクすることで、もっとなかよしになっていきます。

お泊り保育の仕掛けあそびも、何気ない散歩のなかで仕込んだりして一緒に盛り上がっていけるのです。夏は湧水湖で水あそびをしたり、一緒にゲームをしたり、年間を通してリズム交流を行った年もありました。

そして、課業の前後の自由あそびも大切にしています。はじめは別々に遊ぶ子どもたちも、打ち解けてくると少しずつ一緒に遊ぶようになったり、設定保育のなかでは見えない子どもの様子もよくわかるのです。リズムやオニごっこでは存在感のある子が、自由あそびになると人見知りしたり遠慮したり、反対にリズムは恥ずかしがって出ないけれども自由あそびになると自分の園の子にこだわらず、自然と一緒に遊べ

(2) 保育者同士の連携

　交流保育をするうえでもっとも大切なのは、園と園の信頼関係づくりです。ぽっぽ保育園は2ヵ月に1回保育者の部会も開いており、保育方針や保育理念、保育観も同じで連携しやすい環境です。充分な論議で信頼関係を築いていくことが大切です。

　また、互いの園の子ども集団、保育者の個性を生かしつつ交流していくために保育者間の連携も大切です。ここではどのように両園で連携してきたか紹介します。

◆思いを語りあう打ちあわせ

　まずは年度初めにクラスの子どもたちの姿を出しあい、「こうなってほしい！」「こんな力をつけてほしい」という思いをたっぷり語りあいます。そのなかで、やりたいことを出しあっていきます。たとえば「今年はこんな歌を渡していきたい」「今年はエイサーをしたい」など出しあうことで、保育の幅も見方も2倍になります。保育者同士が思いを出しあっていき、交流保育で互いの集団が高まっていきそうな点が少しずつ見つかっていくのです。そして交流のなかで子どもたちが楽しんだ様子や、影響を受けたり、変わったりしたことなどよかった点や、反省する点をすぐに報告しあいます。その積み重ねで保育者同士の関係づくりができていくように思います。

　具体的には、年度初めにその年の子どもの姿から、年間の大まかな計画を立てていきます。行事内容（お泊り保育、運動会）、日常の交流活動をどのくらいの頻度でするのか、どんな歌（年間通して、いくつか一緒に歌う曲も大まかに決めておく）を歌うか、などです。

◆打ちあわせのための体制作り

　話しあいは大体、午後から勤務時間内でどちらかの園に出向いて行います。日常的な交流の日程や詳細は電話で打ちあわせしたり、便利なメールを使ったりします。

　お泊り保育や、運動会、発表会などの大きな行事は、打ちあわせも多くなります。7月に行うお泊り保育の場合は6月から仕掛けを始めるので、「仕掛けの打ちあわせ」をその前にしていきます。忍者あそびをしたときは、週1回のペースで忍者と手紙のやり取りをしたので、その都度帰りに互いの園に立ち寄ったり、電話で打ちあわせていきました。

　10月の運動会の場合は8月ころより具体的にどんなことをするか打ちあわせをしていきます。9月からは子どもたちが取り組んでいけるよう準備するのです。踊りづくりや構成などは勤務時間内だけでなく、仕事が終わってから夜食を持ち寄り、どちらかの園で打ちあわせをしたり、交流のときに確認しあったりします。運動会の場合は週に2、3日くらいは顔を合わせて打ちあわせし、電話は毎日のように掛けあい確認しあいます。担任だけでなくその園にいる踊りが得意な保育者、音楽が得意な保育者などに入ってもらいながら作っていきます。それを各園に持ち帰り、話しあい、またつき合わせる

という作業を何度もやっていきます。

発表会も運動会と同じペースで打ちあわせをしていきます。

◆連携をするうえでの留意点

気をつけなければいけないのは、決めたことを互いの園に持ち帰り伝えたときに、微妙に食い違ったりすることです。同じ園ではないので「さっきのは、こうだったよね……」とすぐに確認ができません。電話だけでは伝わらないことも多いのです。

踊りのタイミングや細かい動きは、各園で持ち帰り、子どもとやっていく中で我流になりやすい点もあります。次に合わせたときに、ずれたり、保育者同士も勘違いしていることもあるのです。勘違いや食い違いが起こらないよう、決めたことは何度も確認しあい、踊りの流れを書いた記録や合奏の楽譜も同じ物を持ち帰るようにしています。また、合奏の場合は伴奏者で雰囲気が変わるので、発表会当日に伴奏する保育者の伴奏をテープに録音して両園同じ条件で練習できるようにしています。このように、互いの園の職員集団に支えられ、担任間の連携を密にして交流保育の基礎をつくっています。

２ ライバルだけど仲間なんだ

（１）交流保育を年間通してやっていこう

以下に紹介するのは、1996年私が菊陽ぽっぽ保育園３、４、５歳児クラスを担任して２年目の実践です。

菊陽ぽっぽ保育園くじら組は３歳児３名、４歳児１名、５歳児７名の計11名。くわみずぽっぽ保育園ぱんだ組は３歳児４名、４歳児５名、５歳児５名の計14名でした。両園の子どもたちは、赤ちゃんのころから一緒に育ち、互いにいいところも、悪いところもよく知っていて認めあっています。ほんとうに仲がよいのですが、馴れあっているようにも感じました。問題がおきても互いの性格をよく知っているだけに、「この子はこうだ」「しょうがない」と、あきらめたり、同じパターンだったりして、もう一歩仲間関係が深まりません。そういった点が小集団の悩みだね……と、両園の保育者同士で話しあっていました。

（２）実践のねらい

４月の「お見知り遠足」では、菊陽・くわみずそれぞれに分かれ、一緒に遊ぶ姿は見られませんでした。意識しあっているのですが、声は掛けられません。

運動会で取り組む「荒馬」作りのため、７月には、菊陽の近くの馬牧場に見学に行き、馬と触れあう中で、子どもたちの関係が一歩近づきました。

８月には仲間関係を一層深めてほしいという思いで、お泊り保育を計画しました。くわみず・菊陽の混合グループを作り、木工工作や、カレー作りに取り組みました。

木工工作のなかで、菊陽のサオリ（５歳）と

Chapter 7 「離れてたって仲間なんだ！」

お泊まり保育で　花火を楽しむ（左）　手作りパンとカレー（右）

交流保育で集合写真

年長合宿で

123

シンジロウ（5歳）が、のこぎりの取りあいのケンカをしました。同じグループだったくわみずのシノ（5歳）はいつもの集団だったら真っ先に止めているはずなのに、黙ってみていて、菊陽の子どもたちの前では、遠慮して自分の意見を言わない……とくわみずの担任が話してくれました。

このお泊り保育で男の子の仲はグッと深まったのに対し、女の子は人見知りしたり、いつもの集団ではリードしてくれる子が大人しくなったり、違う集団のなかに入ってみて子どもの意外な面や弱い面に気づかされました。

同年齢集団を広げること、違う集団に接することで刺激になり、子どもたちも変わっていくのではないだろうか？　悩みである、"馴れあい"の関係も少しは解消できるのではないだろうか、と改めて交流保育を深めていこうと両園の保育者で話しあいました。

（3）互いの集団から刺激を受けて
〜ター坊はすごい‼〜

運動会前くわみずぽっぽ保育園で交流したとき、体は小さいけれど、運動神経抜群のター坊（5歳・くわみず）が跳び箱を跳ぶ姿にナオキ（5歳・菊陽）とサオリ（5歳・菊陽）は「すごい……」と思わず目を見張りました。ナオキと、サオリは体育あそびが大好きで、竹馬や鉄棒が得意です。しかし、跳び箱は、体が小さいのと、怖さもあってなかなか力が出せていませんでした。体の小さなター坊がかっこよく跳ぶ姿に同じく体の小さな2人は親近感を持ったようでした。

菊陽に帰ってからも、興奮気味に「ター坊って跳び箱うまいんだね」「うん、お尻があがっとるもん！」と話すナオキとサオリ。チャンス‼　これをきっかけに怖さを乗り越えてくれたらいいなぁと思いました。その後の練習中にもター坊の話題がよく出ていて、ター坊の跳び方はどうだったか話したりしていました。保育者が励ましたりしなくても、自分たちで「跳び箱とびたい‼」「ター坊みたいに格好よくとびたい」と、自分からやる気になり、そしてついに二人は跳べるようになったのです。

ター坊は菊陽の子どもたちに、体は小さくても跳べるんだという勇気を与えてくれました。菊陽にはいないター坊の存在から大きな影響を受け、ター坊はすごい！　と菊陽の子どもたちから認められたのです。

また、跳び箱になかなか走り出せないシオリ（5歳・くわみず）に「シオリ早くとべよ！」とケイタ（5歳・菊陽）が指摘しました。くわみずでは見られない場面です。けっきょくその日、シオリは跳ぶことができませんでした。しかし、シオリは家に帰ってからイスを跳び箱代わりに練習していたのです。ケイタの指摘が、シオリにやる気を起こさせたのでしょう。そして次の練習の日に、シオリがいないことに気づいたケイタは「シオリは？」と聞いてきました。シオリを心配していたのです。

菊陽のナオキとサオリは保育者やクラスの友だちの励ましやアドバイスでも跳べたかもしれません。しかし、二人はター坊をモデルに自分たちを重ねあわせ、怖さを乗り越えて、どうし

たら跳べるか自分たちで探求していったのです。そこがすごい!! と思うのです。ナオキとサオリもくわみずのシオリも、違う集団と一緒に取り組んだことで、いつもの集団に新しい風が入り、お互いに刺激しあい、乗り越えられたのだと思います。

(4) 劇を一緒につくる仲間へ
　～ぼくたち、わたしたち「さるとかに」の仲間だ～

　最後の合同行事卒園式（この年まで発表会はなく卒園式を合同でしていました）には、みんなで力を合わせて、劇「さるとかに」をつくることにしました。1月からは週に1、2回交流保育をしていきました。
　菊陽ぽっぽ保育園で劇づくりをして、恥ずかしがり屋のナオキ（5歳・菊陽）が表現するときに、自分のなかで演じるイメージは考えてはいるのですが、みんなの前でするのをためらっていました。そのとき、表現するのが得意なヒロマサ（5歳・くわみず）が楽しそうにサルの役をして見せたことで、ナオキは恥ずかしさを忘れ「今度ナオキがやる!」と張り切ってみんなの前で披露してくれました。
　また、シオリ（5歳・くわみず）は、セリフの声が小さいのですが、くわみずの子どもたちは、日頃からあまり大きな声で話すことのないシオリはこれ以上大きな声が出せないと思っていたのか、声の大きさについて意見する子はいませんでした。ところが、菊陽での練習のとき、ケイタ（5歳・菊陽）が「聞こえん!　なんて言いよるかわからん」とはっきり言ったのです。『あぁ……泣いてしまう……』という保育者の心配をよそに、シオリはセリフを続けました。さっきよりも大きな声で……ケイタの一言には保育者もドキリとしました。以前のシオリなら大きな声を出すどころか、黙っていたかもしれません。しかし、シオリにとっては自分も"一緒に劇をつくる仲間"という気持ちを高めるうえでの、大きなチャンスだったと思います。ケイタのことばのなかにも"シオリもっと勇気を出してがんばれ"という気持ちがあったのだと思います。

(5) 同じ仲間としての
　　　ライバル意識が芽生えて
　～くわみずに負けん! 菊陽には負けないぞ～

　菊陽の5歳児のこまの投げ方（男投げ）を見て「菊陽は頭ば使って投げとらん」とタイチ（5歳・くわみず）から指摘されてしまいました。くわみずの子どもたちはフープのなかにだって正確に回せるくらいうまいのです。菊陽の子どもたちも"くわみずには負けられん!"とばかりにフープで回す練習を始めました。できるようになると「ホラね!」と得意げです。
　また、くわみずでは、「竹馬はできなくてもいいや」と諦めの雰囲気のシノ・タイチ・シオリ（5歳）の3人。菊陽ぽっぽの園庭で遊んでいるとき竹馬に乗れるようになったばかりのエリ（5歳・菊陽）が竹馬を始めました。エリは不器用ですが、諦めずに何度も練習してやっと、竹馬に乗れるようになりました（菊陽では最後）。うれしくてしょうがないようで、「エリが

教えてやる！」とシノにやって見せました。しっかり者でプライドの高いシノは言われれば言われるほど悔しそうにしています。そして、くわみずに帰ってから、竹馬の練習に燃え始め、みんな乗れるようになったのでした。

ひとつの集団ではなかなかできなかったことが、互いの発言や、ちょっとしたきっかけで「負けられない」というライバル意識が芽生え、こんなにも子どもたちが変わっていくものなのかと感じました。両園の子どもたちの関係が別々の園の子どもたちから、同じ仲間のライバルという感じに変わっていきました。

（6）もっと育ちあえる仲間へ
～内面的育ちの難しさを感じて～

以上のように4月から交流保育をする中で、それぞれの子どもたちが小集団の兄弟のような仲間関係から、互いの集団に目を向け新しい発見をしたり、批判しあったりして、互いに認めあう姿が見られるようになってきました。

そして卒園式の取り組みで子どもたちが盛り上がってきた中、ヒロマサ（5歳・くわみず）とナオキ（5歳・菊陽）のケンカが起こりました。段ボールの家を一緒に作って遊んでいる途中、ナオキがふざけて家を壊してしまいました。それに、ヒロマサとリョウスケ（5歳・くわみず）が怒り、おなかを蹴ったりしてナオキを泣かせてしまいました。ナオキはあそびが楽しくてついふざけすぎた様子。ヒロマサたちにしてみれば、「一生懸命作った家なのに許されん！」とすごい剣幕です。ヒロマサたちがおなかを蹴

ったのはたしかに悪いが、ナオキはふざけたことを許されると思っているのではないかと感じ、その場は保育者が一方的にまとめてしまいました。

しかし、ナオキの"菊陽では許されるふざけ"がどうしてヒロマサたちには許されないのか、子どもたちに返し考えさせてみたら、馴れあいの集団から、一歩前進できたかもしれません。ヒロマサがおなかを蹴ったという行動も子どもたちのなかでどう受け止めているのか引き出すことで、ヒロマサ自身にも考えさせることができたのではないかと反省しました。子どもたちの持っている内面的育ちを、ふたつの集団で高めていくことの難しさを感じました。

職場保育所は少人数、異年齢だったり、集団づくりが困難なことが多いのです。しかし一年間交流保育をしていく中で、今まで見えなかった子どもたちの姿が見え、日々の保育を見直すことができました。

最後の卒園式で、楽しく演じている子どもたちの姿を見て、やっぱり、交流保育に取り組んでよかったと思いました。

③ たった一人の年長さん
～勇気と自信をもらった交流保育～

次は2000年度くわみずぽっぽ保育園3、4、5歳児を担任し、年長児が一人だったときの実践です。

くわみずぽっぽ保育園・ぱんだ組3歳児3

名、4歳児8名、5歳児1名の計12名です。菊陽ぽっぽ保育園・くじら組は3歳児2名、4歳児4名、5歳児5名の計11名です。

くわみずぽっぽ保育園でたった一人の年長児ユウタロウは体が大きく、園ではあまり感情を表に出さない、おとなしい男の子。年中までは、生活のなかでも今ひとつ自信がなく、行動の一つひとつを保育者に確認したり、友だちとのけんかの場面もなく、園では自分を出せてないようでした。

年長になってからは、園で一番大きいという自覚も持て、年少のお世話を積極的にしたり、張り切る姿があり少しずつ変わっていきました。周りの子もやさしいユウタロウを慕っていました。しかし、竹馬や縄跳びなど苦手なものは誘ってもしようとしません。やはり同年齢で競いあったりすることがないので、意欲が弱いのかな……と思っていました。

また、1年生になって、友だち関係をつくっていけるのかという心配もありました。そこで、とくに年長児の交流保育を深めていくことにしました。

菊陽ぽっぽ保育園くじら組との交流は、前半はクラスの交流をし、互いに慣れてきた後半は年長の交流に力を入れていくことを計画しました。初めは両園の子どもたちが大好きな探検ごっこを取り入れたりする中で互いに名前を覚え、会話のなかでも出てくるようになりました。

（1）お泊り保育

8月には4、5歳児が参加するお泊り保育を行いました。みんなでドキドキワクワクし、楽しさを共感できるお泊り保育にしたいと思い、子どもたちが大好きな探検ごっこ（沖縄の民話に出てくるキジムナーをテーマにして）を取り入れることにしました。まず、保育者が子どもたちのバランスを考え、くわみず・菊陽の混合グループを作りました。両園の5歳児6名を「二人一組のリーダー」にして、3つのグループ（1グループ7〜8名）を作り、グループ名決めや、旗作りなどをしました。ユウタロウはグループのなかでは消極的で、同じグループのくわみずの4歳児に頼る姿もありました。しかしお泊り保育当日の立田山探検のなかで、キジムナーからの手紙を発見したり、宝探しに夢中になるにつれ、ヒデユキ（5歳・菊陽）と「この木にキジムナーおるかな？」と木を調べて回ったりする姿がありました。

（2）ユウホウ君が教えてくれた竹馬

くわみずでは苦手な竹馬になかなか手が伸びないユウタロウ。保育者が誘うとしぶしぶやってみるといった感じでした。

菊陽交流のとき、ユウホウ（5歳・菊陽）が「ぼく、竹馬できるよ」と得意げにやって見せてくれました。実はユウホウも竹馬が苦手で、菊陽で最後に竹馬に乗れるようになったのです。これはチャンス！　と思い、ユウホウに教えてくれるようお願いしました。ユウホウは「ユウタロウ君見とって。こうやるとよ。手と足を一緒に動かすとたい！」とやりながら教えてくれています。ユウタロウも真剣に聞いてい

ます。いつにないユウタロウの姿でした。しばらく教えるとユウホウは別のあそびを始めました。それでもユウタロウは一人で練習を続けたのです。黙々と……。その日から自分で練習をするようになり、そして竹馬に乗れるようになったのです。

　今までは保育者に言われて義理のように竹馬をやっていたユウタロウ。園ではどうしてもユウタロウの竹馬の練習相手が保育者になってしまいます。保育者との力の差は明らかだし、「先生はできても僕にはできない……」という気持ちだったのでしょう。しかし、同じように竹馬に乗れなかったユウホウが乗れるようになり、教えてくれたことで、「僕にも乗れるかも！」と見通しが持て、「できるようになりたい！」とやる気が出たのでしょう。このころから苦手なことやできなかったことにも、意欲的に取り組むようになりました。

（3）「ぼく、シンタしてもいいよ！」
～ユウタロウが発表会の主役に!!～

　1月からは発表会に向けて劇作りをしていきました。夏のお泊り保育で出会った「キジムナー」を題材に創作劇を作りました。いろいろな役になって遊んでいき、最後に菊陽の5人の年長とユウタロウを中心に軸となる役を決めていきました。しかし主役の「シンタ」役がなかなか決まりません。役がそろわないと劇ができないこと、年長がリーダーになって年中や年少を引っ張っていってほしいことなど話していくうちに、ユウタロウが「ぼく、シンタしてもいい

よ」といったのです。引っ込み思案で人前に出ることが苦手な、あのユウタロウが主役を引き受けてくれてとてもうれしい!!　でも、ちょっと押し付けだったかな（保育者の思惑が伝わったかな……）とも思いました。

　練習の初めのころは、声が小さく常に保育者を目で追い不安そうでしたが、菊陽のジュン（5歳）が王様役を堂々と歌っている姿を見て少しずつ変わっていきました。ジュンは恥ずかしがり屋で初めのころは、みんなの前に立つと何も言えなかったのです。自分より緊張していたジュンが堂々と歌う姿に刺激を受けたのでしょう。セリフの声も大きくなり、独唱の場面も歌えるようになっていったのです。「ユウタロウ君上手になったね！」「声が大きくてびっくりした」など友だちや保育者に認められ自信につながっていきました。

　自分から、みんなの前で主役になることを決めたり、劇を積極的に取り組んできたのも、交流保育のなかで刺激を受けたり、励まされたりして、同年齢の仲間と一緒に取り組むことの楽しさ、喜びを感じられたことが大きかったと思います。交流保育が仲間意識を育て、確実に自信につながっていると感じました。

（4）一人で通った菊陽
～心が強くなったよ～

　運動会後年長のお昼寝がなくなり、12月から週1、2日、午後の時間を菊陽で過ごす計画を立てました。病院間を走るマイクロバスにユウタロウを乗せ運転手さんにお願いし、菊陽に着

くと、菊陽の年長さんたちが出迎えてくれます。一人で菊陽に通うのです。

　初めのころは「菊陽さんと遊ぶのは好きだけど、一人で行くのは嫌だな」と言っていたのが、発表会で一緒に劇作りをし、より仲間意識が深まってきたことと、ユウタロウが自信をつけたこともあり、発表会が終わってからは「卒園式一人ですると？　菊陽さんと一緒にしたいなぁ」と話すほどになっていました。またトモミ（5歳・菊陽）も「ユウタロウ君一人で卒園すると？　こっちで一緒にすればいいのにね」と気にかけていました。

　菊陽から帰ってくると「今日はおもしろいことしたよ。みんなに教えてやるね」と菊陽で仕入れたオニごっこをクラスで教えてくれるようになりました。自信に満ちていて、年少に園の仕事を教えたり、残り少ない保育園生活を名残惜しんでいるようでした。

　たった一人の卒園式でしたが、菊陽ぽっぽ保育園年長5人の仲間からメッセージが届きました。「きくように　ひとりできたのが　えらかったね。ほんとうにえらかったね」と菊陽の子どもたちもユウタロウのがんばりを認めてくれ、ユウタロウ自身一人で菊陽ぽっぽに通ったことが大きな自信につながったと思います。

　一年間の交流のなかで、同年齢のおもしろさを知り、同じようにできないことや、悩みがあるんだと気づいたり、それを乗り越えていく友だちに刺激を受け、少しずつ変わっていきました。そんなユウタロウを同じ保育園の仲間だけでなく、菊陽ぽっぽ保育園の子どもたちや保育者たちからも認められることによって、いろいろな取り組みにも意欲的になっていったのだと思います。また、このような取り組みができたのは、一人で菊陽に通うことを受け入れてくれた、菊陽の保育者集団との連携があったからこそだと思います。

　異年齢集団では3、4歳児が一人の場合でも、生活面やいろいろな活動のモデルになる5歳児がいます。しかし5歳児が一人の場合は競いあう仲間がいないし、モデルもいないのです。5歳児になると、安定した仲間関係もいいけど、ちょっと背伸びした、ステキな自分にもなりたいのです。3、4歳児の交流保育はクラス全体の交流として楽しみ、5歳児は身近に感じられるモデル、競いあう仲間、認めあえる仲間として、保育者が意識的に交流を深めていくことが大切だと感じました。

④ 大変だけど……やっぱり楽しい交流保育！

　異年齢、小集団保育は生活のなかでとても自然です。いろいろな年齢の子と過ごす中で、大きい子を身近なモデルとして成長していきます。大きい子も自然と小さい子へのかかわりを身につけ、小さい子に頼られたり、慕われることで、自分の存在の大切さも実感していきます。年齢も力も違う仲間と過ごすことで、互いの個性がわかりその子そのものを認めあえる関係が自然とできていきます。家庭的な安心できる、安定した仲間なのです。

　その安心できる異年齢集団を土台に、同年齢

での集団、とくに5歳児の集団を広げることで、子どもたちは「もっとステキになりたい！」「やってみたい！」と仲間のなかで意欲が育っていきます。

交流保育は、保育者同士の連携や、行事前になると時間外の打ちあわせなどで、大変な部分もたくさんあります。そんな大変な思いをしてなんでやるの？　と言われるかもしれません。でも私はやっぱり交流保育が大好きなのです。

交流保育の魅力のひとつは、子どもたちの集団が広がることで、子ども同士が切磋琢磨し、いろいろな場面で成長を見せてくれることです。

菊陽とくわみずの関係は、いつも一緒にいるわけではありませんが、時々会えることを楽しみにし、いつもの仲間よりちょっと気を使うけれど楽しい、たとえば、いとこのような関係かもしれません。そしてちょっとよそ行きの顔で、かっこいい姿を互いに見せあい、認められることがまたうれしいのです。

小集団での悩みだった馴れあいの関係や、ひとつの園ではなかなか乗り越えられなかったことが、交流することで、気づかなかったその子の可能性に気づかされたり、いつもの集団に新しい風が入り、刺激になり乗り越えていきました。

また、ぽっぽ保育園の交流保育では、大きな行事を「同じ目標を一緒に取り組む仲間づくり」を中心にすえて取り組んで来ました。くわみずと菊陽はライバルでもあります。でもゲームなどの園対抗戦（集団対抗戦型）ではなくて、子どもたち一人ひとりが相手の素敵なところを見つけ、「私もあんなふうに竹馬に乗れるようになりたい！　負けられない」とライバル心が芽生えるのです。そして、日常の交流はもちろん、お泊り保育や運動会など一緒に取り組んでいく中で、ライバルを越えて同志的な関係になっていくのだと思います。くわみずの子どもと菊陽の子どもたちは、互いに向きあっているのではなく、一緒に前を見ているような関係なのだと思うのです。

交流保育の魅力のふたつ目は、保育者同士も育ちあえることです。互いの保育者が客観的にクラスの様子を見ることで、子どもの見方が変わったり、気づかされることもあります。小さいころから毎日見ていると、子どもの弱い部分に注目しがちです。

生活リズムが乱れがちで、気分のムラがあり、年長になっても小さい子にキック当たったりすることのあったタケシ。保育者も悩んでいたころ、交流保育で「タケシは社交的だよね〜。すぐに年長同士仲良くなれるし、穏やかな性格だよね」と菊陽の保育者に言われハッとしました。タケシの問題点ばかりクローズアップしていて、本来の社交的で、穏やかな性格が見えなくなっていたのです。

また、あそびや、歌、製作など、保育の技術的な面はもちろん、子どもの様子や悩みを語りあうことで、互いにないものを吸収しあえるのです。担任同士だけでなく交流保育を支える保育者集団同士も、話しあい、学びあい、視野が広がり、育ちあえるのです。子ども同士だけでなく、保育者同士も励ましあったり、ときには刺激しあっているのかもしれません。

大変だけど、やっぱり交流保育は楽しい！のです。

　　　　　　　　　　　　　　（川上　隆子）

2009年度 2・3・4月　指導計画　　くじら組　担任（川上）

目標	・いろんな行事に一人ひとりの力を発揮し、積極的に取り組もう ・大きくなったことを喜びあい、自覚を持って行動する	行事予定	・豆まき（2/3）　　・避難訓練（毎月） ・発表会（2/28）　・懇談会（2月） ・リハーサル（2/17・24）・卒園山登り合宿（3/5～6） ・誕生会　　　　　・卒園式（3/28）
		保育だより	1月にはいると「発表会で劇したいね～」「何する？」と、もう次の目標に向かっている子どもたちです。年長さんはたくさんの想い出と自信を胸に卒園して、小学校へ。年中さん年少さん2歳児さんも一つ大きくなることを期待し、残りの2ヶ月間を過ごしたいなと思います。

項目/年齢	年長児　MR（6歳7ヶ月）　IS（6歳）	年中児　KR（5歳5ヶ月）　IH（5歳3ヶ月）	年少児　MI（4歳6ヶ月）　IS（4歳2ヶ月）
基本的生活習慣	・生活リズムを整え、規則正しい朝型の生活を（夜9時～朝6時半が目安です）――――――――――――――――▶ ・食事のマナーの確立 ・責任を持って食事の用意、片づけをする ・朝の排便の習慣化（小学校へ向け） ・ポケットにハンカチを入れる習慣 ・自分で自分の生活を管理する（登園の準備、ロッカーの整理、衣服の調節）	・当番活動をすすんでする ・お昼寝、身体を休めることがわかる ・トイレのマナーが身に付く（ノックする、汚さずに使う） ・清潔の習慣や態度が身に付く（うがい、手洗い、衣服が汚れたら着替え） ・朝、自分で荷物をリュックから出すことが習慣化する	・姿勢よく、交互食べをする ・自分の布団を敷く、片付けする ・静かに1人で入眠する ・排泄の自立 ・朝、自分で荷物をリュックから出す事が習慣化する
身体づくり	・薄着の習慣を身につける（リズムは、1年を通し、半そで半ズボンで行う） ・卒園合宿で山登りに挑戦 ・卒園式に向けリズム運動をより正確に指先までしなやかに動くことを目指す ・長なわあそびを楽しむ	・遠出散歩をたっぷり楽しむ、寒さに負けず元気にあそぶ――――――――――――――――▶ ・金峰山登山、予定（4月）――――――――――――――――▶ ・まりつきやこま回しを年長と共に楽しもう ・リズムの動きが細やかになる	・ボールを投げたり当てたり受けとめたりして楽しむ ・リズムを全身を使い思いっきり動く
社会／仲間づくり・あそび	・友だちと協力して一つのことをやり遂げる（発表会、卒園へ向けて） ・小学生になることを自覚し見通しを持って行動できる	・協力して行動する（発表会など） ・ルールの理解を深めて集団で助けあって遊ぶ（氷オニ、ドッジボール）	・進級への期待を持ち小さい子にも目を向ける ・役割交代がスムーズになる（オニごっこ、わらべうたあそびなど）
社会／社会事象・労働	・園での仕事をすすんで行い、年中さんへ伝えていく ・最後の行事に年長としての役割をきちんと果たす	・年長になることを期待し、みんなのためになることをする（掃除、当番、他のクラスのお世話など）	・力を合わせて自分たちの部屋を片付ける ・自分のロッカーを整理する
表現活動／自然	・冬から春の自然の変化に興味を持ち、触れたり、遊んだりする――――――――――――――――▶ 　（雪、霜柱、氷、木の芽、野草、たこあげ、虫など） ・未来のことを考え合う（将来の自分） ・あそびの中で教えたり、順番を決めることができる	・あそびの中で数の増減に気づく ・距離感覚がわかってくる	・高い低い、前後、上下が、ことばで表現できる
表現活動／言語	・自分の考えをよくまとめて発表し、人の考えもよく聞く ・カルタづくりや文字スタンプ、簡単な手紙など、生活やあそびの中で文字に触れる	・まとまりのある話ができる ・自信を持って人の前で発表したり表現したりする（お集まりや発表会など）	・身近な経験を話す ・みんなの前ではっきりしたことばで話す ・発表会や劇の内容を理解し、臆せず参加する
表現活動／音楽	・曲想をつかみ、気持ちを込めて歌おうとする ・曲にのって楽しくキーボードを弾く。合奏「カルメン」をつくりあげる	・ピアノの音に合わせて歌える ・心を込めて歌う ・鉄琴を曲に合わせてリズムよく弾く（和音）	・ピアノの音に合わせてみんなで声を合わせて歌う ・タンバリンでいろいろな拍子で打てる
表現活動／造形	・㊎登場人物の特徴、場面をとらえ表現しようとする ・絵の具で描いた絵をぬる ・オニの面を張り子でつくる	・㊎経験画を日常的に描き思いを表現する ・粘土　立体表現をする（動物など） ・オニ面やひな人形をつくる	・㊎経験したことを絵で表現し、思いを語る ・ねんど　形を見立ててつくる

●ぽっぽ保育園実践報告へのコメント
　時々会える、ちょっとよそ行きの半日常的関係で育つ力

◆交流保育の目的と形態
　異年齢保育は異年齢でクラス編成するという保育形態だけの問題ではありません。教室ではない暮らしの香りがする保育環境や小規模・少人数という保育条件が求められます。小規模異年齢保育は「少人数で家庭的な雰囲気」（川上）の中で育ちあうことが大きなメリットです。
　しかし、子ども同士の刺激が少なくマンネリ化しやすい、子ども同士のかかわりや力関係が固定化しやすい、保育者の目・手・声が行き届き、見えすぎるために問題視してしまう、などの実践的課題が指摘されています。さらに過疎地では統廃合や廃園の理由として「少人数では社会性が育たない」ということがあげられるなど社会的課題とも連なっています。
　小規模・異年齢保育の特徴を維持しながら「互いのイメージや力関係が固定化し馴れ合いの関係」（川上）を克服するために取り組まれてきたのが「交流保育」です。交流保育は、近隣の１園だけとの交流や地域の複数の小規模園の交流、小規模園同士の交流や小規模ではない園との交流などの形態があります。また小学校や地域の老人会など世代間交流まで含めて考える場合もあります。

◆川上さんの実践に学んだこと
　川上さんの実践は、同じ法人の連携が密にとれる関係の２つの園での交流保育です。
　第一に「いつもの集団に新しい風」が吹き込まれることです。劇づくりの場面。声の小さいシオリ、これまでは指摘されないで済んできたが、ケイタに「聞こえん！　何て言いよるか分からん」とはっきりと言われ、いつもなら泣いてしまうところを大きい声で言ったのです。シオリをよく分からないケイタの当然の要求が、自分で気づきながらこれまでは許されてきた課題に向き合い乗り越える新たな機会がつくられたのです。
　第二に離れていることによって競争的ではない緩やかなあこがれが育つことです。跳び箱をかっこよく跳べるくわみずのター坊、それに憧れる菊陽のナオキとサオリ。「ター坊はすごい」と園に帰ってからも練習してできるようになった事例。目の前にいつもできる子がいると、憧れながらも

できない自分を突き詰められるという緊張感があります。離れていることで比較されない安心感、できない自分を見られない安心感が生まれ、「緩やかな憧れ」ができるようになりたいという意欲につながったのです。ナオキやサオリはター坊に直接励まされたわけではありません。目の前にはいないけども心の中で励ましてくれる存在になっていたのでしょう。

　第三に緩やかなライバル意識が育つことです。コマ廻しの場面。一つの集団ではなかなかできなかったことが、互いの発言やちょっとしたことがきっかけで「負けられない」というライバル意識が芽生えできるようになった事例です。川上さんは「両園の子どもの関係が別々の園の子どもたちから、同じ仲間のライバルという感じに変化」と述べています。このライバル意識は、あおられ駆り立てられた競争心ではなく、生活の一こまの中で負けられないという緩やかなライバル意識であることに特徴があります。離れていて時々会うことで、新しい風が吹き緩やかな憧れとライバル心が育つこととが通常クラスではない交流保育の魅力です。

　第四に少人数でも交流保育によって社会性は育つのです。「たった一人の年長さん」の実践。「菊陽さんと遊ぶのは好きだけど、一人で行くのは嫌だな」といういつも共に暮らしている仲間のいない心細さ。しかし、「今日は面白いことしたよ。みんなに教えてあげるね」という成長。たった一人でもいつもと違う場所と仲間と過ごす力、これは同年齢集団だけで育つ社会性をはるかに超えた社会性の育ちと言えるのではないでしょうか。

◆交流保育の土台としての日常的交流と行事

　川上さんは、交流保育の特徴を「時々会えることを楽しみにし、いつもの仲間よりちょっと気を使うけれど『ちょっとよそ行きの顔』、いとこのような関係かもしれません」とまとめています。また子どもどうしがなかよしになるための丁寧な指導や保育者同士の連携を大事にしています。しかし最も土台になっているのは「日常の交流はもちろんお泊まり保育や運動会など＜行事も＞いっしょに取り組むことで、ライバルを超えた同士的な関係、たがいにむきあっているのではなくいっしょに前を見ているような関係だと思うのです」と述べているように、日常の交流と共同の行事を2つの柱としていることです。交流保育は年に数度のイベント的な交流やゲーム対抗的な内容になりがちです。日常的交流と行事を連携することで、非日常的関係ではなく半日常的関係が醸し出され、「離れていても仲間」という意識が育つのです。

（宮里六郎）

Ⅲ部

保育計画をつくる

第8章 異年齢クラスの保育計画

1 保育課程と指導計画

① クラス編成と集団全体の発展

　異年齢のクラス編成は、1〜5歳児が一緒の場合、2〜5歳児が一緒の場合、3〜5歳児が一緒の場合などがあります。クラス（部屋）の数や各クラスの園児の数は、園によってさまざまです。スウェーデンでは、1グループの子どもの人数が15人前後で、1園に2〜4グループあるのが平均的な保育園の規模のようですが、やはり1グループ（クラス・部屋）20人を超え25人近くになると、保育が難しくなってくるように思われます。

　園児数やクラス数によって、保育は変わってくると思いますが、ここでは、主として、3〜5歳児の異年齢編成のクラス（部屋）が複数ある園を想定して、保育の計画を立てるにあたっての課題をまとめてみました。とくに、異年齢の集団全体の発展という視点から考えています。

② 保育目標に向かって

　2009年4月施行の新保育所保育指針では、「保育課程」と「指導計画」の両方をあわせて「保育の計画」と呼んでいます。「保育課程」は、保育の基本となる、子どもの育ちに関する長期的な見通しであり、どのような子どもたちを育てたいのか、保育目標が重要になってきます。それに基づいて具体的に、年間指導計画、月案、週案、日案を作成するわけです。

　「保育課程」は、保育所保育指針第1章（総則）に示された保育の目標

を達成するために編成され、それを具体化したのが「指導計画」だとされています。「保育の目標」は、指針では養護と教育・5領域にわたって書かれていますので、それにある程度拘束されるものの、各園の実態に応じて保育方針や保育目標を達成するために、保育課程が編成され、各年度の指導計画が作成されます。

　異年齢編成のクラス（部屋）の保育の計画については、年齢別クラスの場合と基本的な枠組みは変わらないと思いますが、異年齢の子どもたちのかかわりをどのようにつくっていくのか、異年齢で一緒に楽しく過ごせるにはどうしたらよいか、という視点が大事になってきます。したがって、期ごとの目標も異年齢の集団関係について意識的に考えて設定しますし、その目標をふまえて、各行事や活動も、なぜその活動に取り組むのか、それを通して何を育てたいのか、そのねらいを考えていきます。

　次章で紹介されるたんぽぽ保育園の行事の年間保育計画表では、「大きくなったことを喜ぶ」や、「自信にする」「期待をふくらませる」、「みんなでやりとげる喜びを味わう」など、自信・自己肯定感、自尊感情に関するねらいが多く書き込まれています。「異年齢保育の魅力」（Ⅰ部2章）で、自尊感情を育てることの重要性を述べましたが、異年齢保育では、そのような保育目標を重視して計画が立てられることが多いようです。

　そして、具体的な保育目標（ねらい）によって、活動形態としては、自由あそびがよいのか、設定保育がよいのか、異年齢集団で取り組むのがよいのか、同年齢集団で取り組むのがよいのか、あるいは異年齢のクラス集団のなかでそれぞれの年齢別課題に取り組むのがよいのか検討する必要があります。また、大きな行事は、何をねらいにして行うのか、本当に必要なのか、問い直しながら取り組む必要があるでしょう。

③ 子どもたちの要求をもとに

　ある日0歳児が水で練ったかたくりこで遊んでいるのを見て、5歳児が「やりたい」とつぶやいたので、保育者は、異年齢クラス（3～5歳児）みんなでやってみたそうです。大きい子たちにとっては年齢別の保育ではやるようなことはない、異年齢ならではのあそびですが、けっこう楽しめたようです。年齢にあったあそびかどうか、あそびを通してどのような力を育てるのかという視点からだけ考えるのではなく、子どもたちの要求に

基づいて指導計画は修正されていくものです。そして、子どもたちが「やりたい」と言ったことが実現できた経験は、保育者との信頼関係をつくり、自分たちのやりたいことを提案し組織していく力となっていくのではないでしょうか。

　また、たとえば、子どもたちの好きなごっこあそびが発展していくことを見通して、全園での「お店屋さんごっこ」を保育課程や年間指導計画に入れておきますが、実際にはその年度の子どもたちの興味・関心や要求によって、病院ごっこになったり、お祭りごっこになったりと、柔軟に変えられ、月案や週案が作られていくでしょう。

④ 環境構成

　年齢が違う子どもたちが生活を共にする異年齢保育では、まずは子どもたちが安心してすごせることが大事ですが、そのためには、環境構成についても配慮が必要です。基本的な生活は異年齢集団が基礎になる場合でも、年齢別に集まったり合同クラスで遊んだりするときに、部屋を移動することがあります。この移動が多くなったり、基礎集団の人数や一緒に活動する子どもの人数が多すぎたり、狭い部屋にたくさんの子どもが入っていたり、保護者の出入りが多くなったりすると子どもたちが安定しなくなることがあります。そのような観点から、日課との関連で、どの部屋で朝集まり、どの部屋で食事をして午睡をするのか、お迎えはどの部屋にするのかなどを、考える必要があります。

　また、とくに年度初めの時期は、大きい子に圧倒されずに、3歳児が安心して遊べるようなコーナーを設けたほうがよい場合もあります。食事も初めのうちは3歳児だけ別のテーブルにしている園もあります。

　椅子やテーブルの高さが調節できないためにやむをえず年齢別に食事をしている場合もありますが、本来、どのような人間関係がありどのような関係をつくろうとしているのかによって、コーナーの作り方やテーブルの配置などは変わってくるものでしょう。

　あそびの場面では、異年齢で友だちが遊ぶのを見て、自分もやってみたいと思えるような魅力的な教材・教具や集中して遊べる環境も工夫する必要があります。アイロンビーズやレゴなどは、大きい子がやっているのを見たり、できあがったものを飾ったりすることによって、小さい子は真似

きたの保育園（3章）の各「おうち」ごとにあるキッチンコーナー　食器棚、ガスレンジ、炊飯器などが備えてある

してやってみてどんどん創造性豊かなものを作るようになっていきます。鉛筆・ペン、紙、粘土、新聞紙、セロテープなどは、使いたいと思ったときにすぐ使える場所に置いてあり、ある程度自由に使える環境が活動意欲や創造力を伸ばしていきます。あるいは、5歳児専用の色鉛筆、鉛筆削りなどが用意されたコーナーを作り、小さい子に邪魔されずに作業できるようにしている園もあります。

　異年齢編成のクラスが2部屋あるたんぽぽ保育園では、わざとそれぞれの部屋に違うおもちゃを置いておいて、お互いに交流できるようにしています。

　子どもたちが見通しをもって生活するためには、3歳児にもわかりやすいような当番表やスケジュール表・カレンダーを掲示したり、気が散ったりトラブルが生じにくいような動線を考えた環境設定も必要です。家庭的雰囲気をより大事にしているきたの保育園では、キッチンカウンター、食器棚や炊飯器は各部屋にあり、子どもたちはお米をとぎ、ご飯の炊けるにおいや時間を感じながら遊んでいます。

　園や子どもたちの特徴を考慮して、1年のうちのそれぞれの時期のあそびや生活の発展状況や保育のねらい等によっても、環境構成を変えていくことが求められます。

2 異年齢の活動と同年齢の活動

① 生活

　異年齢編成クラスの保育では、各クラス（部屋）ごとに活動を行う場合と、複数クラスの年齢別集団で活動する場合、複数クラス合同で活動する場合がありますが、朝のあつまり、食事、午睡などの基本的な生活は異年齢のクラス（部屋）で行うことによって、生活を共にし親密な関係がつくられていきます。

　クラス（部屋）のなかでより安定してかかわりあえるように、小グループをつくることがありますが、食事のさいなどの小グループについては、どの時期にどのような編成にするかは、検討課題です。ききょう保育園のように3、4、5歳児のなかよしグループをつくっている園では、4月からその3人で食事をとっていますが、なかよしグループがない場合は、3歳児が落ちつくまでは3歳児グループと4、5歳児グループを別にし、秋ごろから3、4、5歳児混合の小グループをつくっている園もあります。キャンプに向けて一緒に参加する4、5歳でグループをつくったり、運動会へ向けて3、4、5歳児混合のグループをつくったり、園の状況や他の活動の取り組み方によっても違うと思います。また、当番活動は、5歳児だけがやるのか、3、4歳児もやるのか、時期によって変えるのか、いろいろな考え方があるでしょう。

② あそび・課業

　活動のねらいや内容によっては、年齢別に分かれて活動に取り組むこともあります。年齢別の活動の設定のしかたは、いろいろな方法があり、どのように設定するのかについては、試行錯誤されています。年齢別に分かれての活動の時間を定期的にはほとんど設定しないで、異年齢の子どもたちが一緒にいるなかでそれぞれの年齢の課題に取り組むようにしている園、年長児だけは年齢別活動の時間を設定している園、3歳児は年齢別活

動は行わない、あるいは 5 月の連休明けから行うという園もあります。

年齢別に集まることにこだわらない

　異年齢の活動・生活の時間と各年齢の年齢別活動の時間をあらかじめ 1 週間の日課のなかに組み込んでいる園もあります。異年齢の活動の時間と年齢別の活動の時間のバランスを考えて指導計画を立ててみた園もありますが、年齢別活動の時間がぶつ切れになって、次の活動日は 1 週間後にしかないとなると、「またやりたい」とか「次にはこんなふうになりたい」という思いがうまく実現できなかったり、持続しなかったりするという難しさがあります。

　そこで、5 歳児が製作やペープサートあそびを同年齢で行い、その時間に終わらなかった部分を異年齢の部屋に持ち帰ってやっていると、小さい子たちが興味津々に覗き込んだり、真似してやろうとしたりして、異年齢の部屋であそびが広がっていったそうです。また、5 歳児が劇の発表の前に、予行練習を自分たちのクラスの部屋でやってみると、それを見ている 2、3、4 歳児は、「すごい！」と憧れます。5 歳児はうまくできなくても、2、3 歳から憧れられながら、頼られて、「これでいいんだ」と自信をつけていきます。

　かわらまち夜間保育園では、5 歳児の年齢別取り組みを月曜の午後と火曜の午前に週 2 日保障し、活動を今日から明日へとつなげられるように設定したりして工夫しています。それでも、朝に午後から遊ぶ約束をしてしまって、おやつを早く食べ終わった子は遊び始めてしまったり、まだ寝ている子がいたりと、午後から集まっての年齢別活動は難しい面もあるようです。年齢別に集まることにこだわらずに、異年齢の取り組みのなかで、各年齢の課題をふまえて指導することもできるのではないかと考えるようになってきています。年間指導計画のなかでも述べますが、プールや運動会の取り組みなどでは、年齢別に分かれるのではなく、異年齢で一緒にいるところで、楽しみながらそれぞれの課題に挑戦することもできます。

異年齢でのあそびの広がり、深まりを見通して

　たんぽぽ保育園では、わらべうたの活動に年齢別で取り組んでいましたが、2008 年度からは異年齢で取り組んでいます。そこでは、5 歳児は見られる恥ずかしさがあまりなく、小さい子たちに見られていて張り切る、4

歳児は失敗しても平気な3歳児がいると安心するし、3歳児よりはできるという自信があり、3歳児を助けてあげようとする、3歳児は大きい子たちのやるのを見てとてもやりたがる、かわいらしい3歳児がいることで全体の雰囲気が穏やかになる、というような"よさ"があるようです。

また、異年齢でわらべうたをした後、5歳児だけが残って楽器に取り組んでいたら、5歳児が「さつまいも（5歳）だけ残ってやるのはいや。ずるい。見ててほしい」と言ったそうです。それで、3、4歳児にも見ていてもらうようにすると、4歳児が"大マル"と評価してくれ、5歳児も喜んでいます。そのうち楽器に憧れ、4歳児もやりたくなり、終わってから5歳児が教える姿も出てきたそうです。

オニごっこのようなあそびでは、同年齢集団で思いっきり走り回って楽しむこともできますが、時期によっては、4、5歳だけよりも3歳児がいることで"タイム"や"おまけ"がありになってあそびが広がったり、5歳児がいることでレベルがあがったり、みんなで楽しく遊ぶために自分たちでルールを変えていくこともできます。

年齢別の活動が異年齢の取り組みと密接に絡みながら、異年齢でのあそびがさらに広がり、深まっていくような計画を立てることが課題となるでしょう。また、異年齢で楽しめるあそびの内容や工夫については、さらに検討していく必要があります。

運動会

運動会へ向けての取り組みでは、年齢別の取り組みの時間を設けるのかどうかは、悩むところです。異年齢のクラスが4部屋ほどある園で、運動会での年齢別の活動（課題）の計画を各年齢の担当者が主になって考え、年齢ごとにごっこ的な要素を入れて課題に取り組んでいこうとすると、全部屋で十分に話しあい共通認識をもって進めていくのが難しかったり、異年齢の1つの部屋に複数の年齢のごっこが進行しており、部屋の一体感がなくなったりするという難しさがでてきます。

他方、3、4、5歳児の関係を深め、クラス（部屋）での一体感を大事にすることをねらいにした園では、年齢別に取り組む課題は違うのだけど、ごっこやテーマ（〇〇忍者、△△海賊など）、運動会当日の出し物の一部は異年齢のクラス（部屋）ごとに話しあって決め、クラスごとに各年齢の課題に取り組んだり、お互いに見合ったり、応援しあったり、当日もクラ

スごとに披露するという方法をとりました。運動会当日までには、竹馬に取り組んでいる5歳児が4歳児の天狗げたを借りて乗ってみたりと、道具を交換して楽しみながら（反復しながら）、竹馬にも挑戦していました。子どもたちは年齢を超えて頑張っている姿に刺激されたり、教えあったり支えあったりする姿が見られましたし、年齢ごとの成長がよりよく見えてきました。

ただし、運動会をこのような課題達成の発表の場として位置づけるのか、それともふだん遊んでいる集団あそびなどを親子で楽しむ場とするのかは、園の歴史や保護者との関係も考慮しなければなりませんが、今後の検討課題となるでしょう。

③ 5歳児の活動

5歳児の自信や誇りとは何かについて、議論したことがあります。自信や誇りにつながることとして、年下の子どもたちから「すごい」と認められることと、同じ5歳児の仲間に支えられ困難も乗り越えて認められることの両方があります。同学年のなかでは少し自信が持ちにくい5歳児が、下の年齢集団のほうに逃げてしまうのではないかと感じるという保育者もいましたが、そのように否定的にとらえなくてもよいのではないでしょうか。年少児に認められることによって自信をとり戻し、誇らしげになるし、5歳児としての「すごさ」を下の学年から言われて改めて自覚することもあるでしょう。

一方では5歳児ならではの活動、5歳児にしかできない活動を検討することも重要ではないかと思われます。たとえば、給食のときに、年下の子どもも手伝うのだけどおかずを盛り付けるのは5歳児でないと難しいなど、5歳児ならではの魅力的な活動があるでしょう。また、5歳児では年下の子にやり方を具体的に教えることもできるようになってくるので、あやとりや折り紙のやり方、こまのまわし方などを教えたり、芋の育て方を劇にして教えたりということも、大事な活動だといえるでしょう。

さらに、友だちや自分をより多面的にみることができるようになる5歳児ではとくに、自分の弱さやできなさ、少し恥ずかしい部分もさらけ出したり、何度も失敗しながら挑戦したりし、お互いに認めあえる経験をすることによって、誇りや自尊感情が育っていくのではないでしょうか。

そして、同年齢集団のなかで認められるためには年齢別の活動が大事ということではなく、異年齢での活動のなかでも同年齢の友だちに認められる場をつくることができるし、そのように配慮していくことが大事だということではないでしょうか。

④ 保育者間の分担と連携

実際に指導計画を立てるさいに、異年齢編成のクラスが複数ある場合は、複数の部屋の担当者で話しあって計画を立てなければなりませんが、活動内容はほぼ同じように設定し、月案も同じものにしている園が多いようです。年齢別の指導計画については、異年齢全体の計画のなかに、年齢別に配慮することを書きこんでいる園が多いようですが、さらに5歳児用だけ別に立てている園もあります。

年齢別の活動の時間を設けるなら、どの保育者がその指導案を作成し、保育を担当するのか、分担を決めておく必要があります。異年齢のクラスが2部屋あり、担任が1人ずつにフリー保育者が1人いる園の場合、フリー保育者が5歳児の担任となり、指導計画も作成しています。同じく2部屋あるのだけど、フリー保育者がつかず正規保育者が1人ずつしかいない園では、そのうちの1人が5歳児担任となり、指導計画を作成し、5歳児だけの取組みのさいに担任が抜けてしまったクラスには、パート保育者に

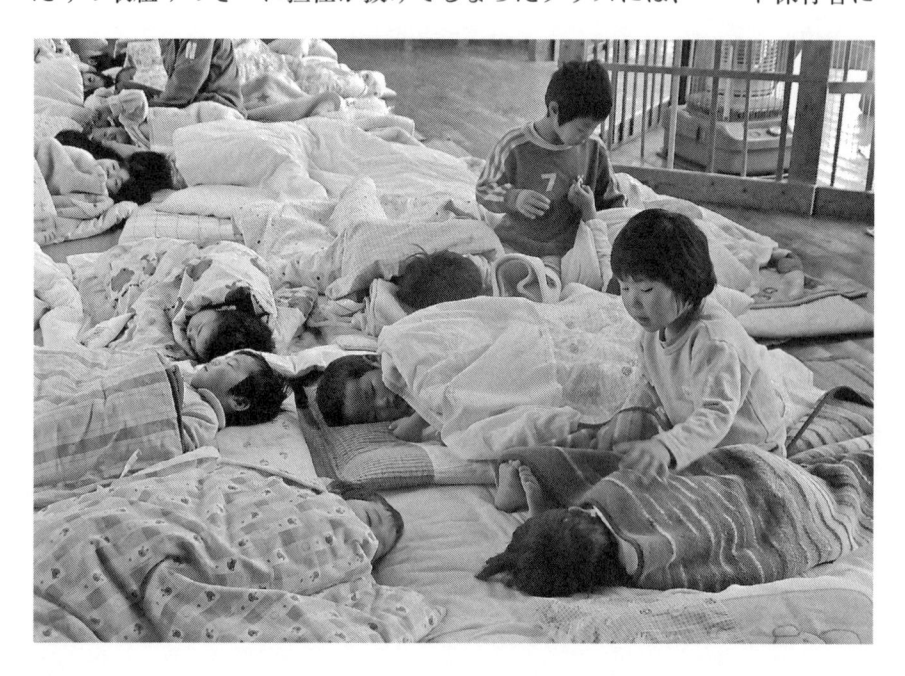

入ってもらっています。

⑤ 保護者との連携

　同年齢編成クラスだった園が異年齢編成クラスの保育に移行する場合は、保護者から不安や疑問が出されることも少なくありません。移行してからも、小さいころから異年齢クラスで育った子どもたちが卒園を迎え異年齢保育が軌道にのるまでの数年間はとくに、保護者にていねいに説明したり、疑問に答え、理解しあいながら保育を進める必要があるでしょう。

　説明会や懇談会や連絡ノートなどを利用するとともに、保育の計画に「予想される子どもの姿」を書き込んでおくと、保育者が見通しをもって保育できるだけでなく、保護者に対しても安心してもらうことができるのではないかと思われます。たとえば、4月に子どもたちが落ち着かなくなることもあるということが予想されていれば、不安にならずに配慮を考えることができるでしょう。保護者の懇談会のもち方も、異年齢のクラスで開くのか、年齢別にも開くのか、保護者の要望にも配慮しながら決めていく必要があります。

　なお、学年担任については、異年齢クラスが複数ある場合、各年齢に責任をもつ担当者は保育者の間では決めておいても、保護者向けには、5歳児の担任しか明らかにしていない園が多いようです。自分の子どもの部屋にその年齢の担任がいるとはかぎらないので、保護者には保育者みんなで子どもたちをみていくので、どの保育者に相談してもらってもよいことを伝えています。

3　年間の保育課程・指導計画を作成するにあたって——期ごとの配慮と課題

　ここでは、年間を4期に分けたときを想定して、それぞれの期の特徴を考えて見ましょう。たとえば、ききょう保育園では、
　Ⅰ期（4～6月）3歳児、進入園児受け入れ期、
　Ⅱ期（7～8月）仲間と過ごす楽しさを味わう、
　Ⅲ期（9～12月）仲間とともに育ちあう、

Ⅳ期（1～3月）自信をもって入学・進級に備える、
として年間保育計画（保育課程）を立てています。以下では、愛知の保育者たちとの議論をもとに、主に3、4、5歳児の異年齢編成クラスの期ごとに見られる子どもの姿、指導計画を作成するさいに配慮すべきことや課題をまとめてみました。

① Ⅰ期（4、5月）の配慮と課題
年齢差を配慮した活動に取り組みながら、ゆっくり異年齢の部屋に慣れる

年度初めの不安や落ち着きのなさ

　この時期は、新しい環境や生活に慣れることを基本にしながら、大きくなった喜びや誇りが感じられるようにすることが大事でしょう。そして、自分のやりたいあそびや友だちや保育者とのあそびを楽しめ、安定した生活ができるように配慮する必要があります。

　その年度の子どもたちの個性的特徴にもよりますが、3、4、5歳児の異年齢保育の場合、3歳児はとくに、大きくなった喜びであふれ、張り切っている子ども、上の子のあそびに入って行ける子どももいますが、新しい環境に不安になって保育者の膝の中に入ったり、居場所が見つけられなかったりする子どももいるでしょう。

　4歳児は、小さい子に目が向き下の子を迎え入れ、少しお兄ちゃん、お姉ちゃんにならなくてはと、自分のことを自分でやろうとしたり、小さい子の世話をしてあげようとしたりします。でも、5歳児のようにはうまく3歳児にかかわれないし、まだまだ甘えたい気持ちとが葛藤し、揺れる姿があるようです。

　園で一番上になった5歳児は、大きくなったという気持ちでわくわくしていますが、下の子とのかかわり方がまだまだ未熟で、威圧的であったり、何でもやってあげたりリードしすぎたりする姿も見られます。

　とくに、異年齢保育を始めて年数がたっていない園では、4月に子どもたちが落ち着かなくなることがありました。5歳児は3月までいた憧れの年上の子どもたちがいなくなって目標がなくなり、ぽっかり穴があいたような気持ちもあり、力をもてあましていたずらをしたり、小さい子に威張ってみせたりすることもありました。小さい子は、5歳児に憧れつつも少し怖がったりすることもあります。しかし、異年齢保育の積み重ねのなか

で、4、5歳児は、3歳児のときに大きい子からやさしくしてもらったのと同じように、下の子にかかわるようになり、年度初めの落ち着きのなさは、次第に少なくなっていくようです。

　また、4、5歳児のメンバーは替わらず、担任の保育士が替わった場合、5歳児は保育士を試すように言うことをきかず、朝の集まりに来なくなったり集中できなかったり、「やりたくない」と反発してみせたりすることもあるようです。子どもたちのほうが異年齢の生活をよく知っているわけですから、保育者は子どもたちに教えてもらい、朝の会や食事のときの流れややり方について、子どもたちと確認しながらすすめていくことが大事でしょう。また、どんなことをやりたいと思っているのか、子どもたちの声をよく聴き取りながら、楽しいあそびを一緒に体験していけるとよいでしょう。子どもたちの姿と、今後の見通しを保護者にも伝え、家庭とも連携して子どもたちが安定して過ごせるように考えていくことが必要でしょう。

5歳児が無理なく力を発揮して憧れられるような活動
　このⅠ期には、5歳児には、年長さんだからといってあまり期待しすぎないでゆったりと、持っている力を無理なく発揮して楽しみ、下の子どもたちから、「すごいなー」と憧れられ、誇りをもてるような活動、5歳児も甘えを出せるような雰囲気が大事なのではないでしょうか。
　たんぽぽ保育園の「お弁当づくり」は、4、5歳が3歳児の分もラップおにぎりをつくりお弁当につめて散歩先に持って行き、「ありがとうー」と喜ばれ、憧れられ、大きくなったことを実感する活動です。あるいは、5月の連休明けに、子ども集会で子どもによるだしものの企画や司会を5歳児が担当したり、5歳児と保育者が相談して、進級式の会場づくりをしたり、歌をうたって小さい子を歓迎したり、クッキングをするなどしている園もあります。4歳児のとき5歳児の劇を見ているので、思い出しながらまねして出し物を考えたりするのです。
　また、5歳になったら、お昼寝のときに2、3歳児をトントンして寝かしつける援助ができるという「特権」がある園では、子どもたちは期待していたことができ、力を発揮でき誇りを感じられるような役割を喜んで果たそうとしています。最初は少し張り切って緊張感があるかもしれませんが、慣れてくると寝かしつけながら、5歳児同士のおしゃべりも楽しむよ

うなゆとりも出てきています。これも、5歳児全員に無理強いするものではありません。大きい子は、「疲れた」という3歳児を散歩からだっこして帰ってくるなど、無条件にかわいがる姿もあり、そのような気持ちを大事にしてあげたいものです。

　この時期に、5歳児が3歳児に、あまり「やってあげる」ことを強調しすぎると、5歳児も楽しくないし、3、4歳児も「自分たちもやりたい」という思いがあって、うまくいかなくなるでしょう。

3歳児が安心して過ごせる環境づくり
　自由あそびでは、自然に年齢別に固まって遊ぶことが多い時期です。他の年齢の子どもに過度に邪魔されたり気を遣ったりせずに、安心して遊べるコーナーやその時間帯も必要かもしれません。また、3歳児にとっては、乳児の部屋にはなかった魅力的なあそび環境・玩具・教材を用意する必要があります。

　また、3歳児は、生活に慣れる時期ですので、ゆったりとした生活リズムと雰囲気づくりに心がけ、4、5歳児より少し早めに食べて、寝るなど、体力に応じた日課を考える必要があります。基本的生活習慣については、大きい子のやるのを見て真似してやるので、比較的スムーズに身についていきますが、身の回りの生活の手順についてていねいに教えたり、時計の針で知らせたり、予定をカレンダーに書き込んでおいたり、わかりやすく示すことも大事です。

　生活時間・体力が違うので、散歩は4、5歳だけで行ったり、5歳児だけ途中でコースを変えたり、3歳児が先に出かけたり先に帰ってきたりすることもあるでしょう。3、4、5歳児で一緒に散歩に行くときは、最初は歩くペースを配慮して、年齢別に手をつなぐことも多いでしょう。4月下旬ころからは3、4、5歳児で3人組みをつくって手をつないで散歩に行っている園もあります。急に走り出したり、手をひっぱったりする5歳児は、3歳児に「つなぐのはイヤ」と言われて、かかわり方に気づいたりもします。

集団あそび
　散歩先で4、5歳児がかいせんどん、はじめの一歩、たかおに、氷鬼、へびじゃんけんなどの集団あそびをしているのを、3歳児は見て楽しんで

たんぽぽ保育園（9章）の花いちもんめ

いることが多いようです。また、3歳児にもわかりやすく、楽しめるルールあそび（ルールに逃げ場がある、つもりのあるおいかけっこ）を一緒にすることもあります。

　たんぽぽ保育園のいすとりゲームは、異年齢2チームに分かれて、いすを減らしていくのですが、いすがない場合は、友だちの膝の上に乗ってもよいというルールです。3歳児は4、5歳児に呼ばれて膝の上で抱えられてニコニコしています。こうやって多くの子が座っているチームが勝ちなのですが、安心して異年齢で楽しめるあそびになっています。

　はないちもんめも、保育者が入らなくても大きい子たちがいるから3歳児も一緒にできるあそびでしょう。園で伝承されているあそびは、少しずつ子どもや保育者によってルールのとらえ方が違っていたりもしますので、毎年ルールを確認することも大事です。

　紙を巻いて作った剣を持ってのたたかいごっこを、4月から保育者対子どもたちで遊んでいた園もあります。これは、ルールが単純で3歳児も剣を媒介にあそびに入りやすいし、保育者に向かっていくことで5歳児も甘えられる、異年齢で遊べる活動になっています。保育者が剣を工夫して作ってみせたり、5歳児を中心に一緒にルールをつくったり、斬られ方に着目させたりすることによって、秋ごろまで続くあそびになることがあります。

生活の見通し

　食事の当番活動は、子どもたちに見通しや期待をもたせてくれます。子どもたちが目的をもって登園し、自分たちで生活をつくりあげていき、友だちにも目を向けていくことが必要だと考え、子どもたちと一緒に話しあって当番活動を導入した園があります。おやつの後に、今日したこと、明日することを確認し、"今日のお当番さんありがとう"を言って、明日の当番を発表することによって、はりきって、期待をもって当番をするようになっています。そして、異年齢の子どもたちの教えあい・助けあいもうまれています。

　なお、卒園児があそびに来ることもありますが、自分が育った部屋に入り居場所があるのが異年齢編成の保育のよさでもあります。在園児たちは小学生になった卒園児を喜んで受け入れ、小学校の様子を聞き、先輩のまぶしい姿を見つめ、少し先の見通しももてるようになります。

② Ⅱ期（6～8月）の配慮と課題
　部屋での活動を基本にしながら年齢を意識する取り組みを入れていくなかで、3歳児は4、5歳児への憧れを強める

異年齢の部屋に慣れて

　異年齢の生活に慣れてきて、集団が落ち着いてくる時期です。それぞれが好きなあそびを見つけ、大きい子も小さい子も誘いあって遊ぶ姿が見られるようになります。泥あそびや水あそび、プールが思いきってできる時期なので、友だちと身体を触れあってかかわりあって遊ぶことを取り入れ充実感を味わうようにします。そのようななかで、小さい子は大きい子に憧れて、いろいろなことに挑戦しようとしたり、大きい子も小さい子に刺激されて頑張ろうとしたりします。

　たんぽぽ保育園やあいかわ保育園では缶ぽっくり、天狗下駄、竹馬の「伝授式」を行っていますが、このような儀式も、大きくなったことを実感させ、年齢の違いを意識させ、活動への意欲を高めるのに重要な役割を果たしていると考えられます。

　また、一緒にあそび、生活するなかで、本音が出てきたり、お互いの個性がわかってきたりします。場合によっては、Ⅰ期に張り切りすぎて、その疲れが出てくる子どももいますので、そのような場合、ゆったりとすご

せるようにすることも大事です。

憧れのお泊り・キャンプ

　5歳児のお泊り会や、4、5歳児のキャンプを取り入れている園もあります。5歳児が昨年の経験をみんなに話し交流することによって、4歳児は不安を楽しみや期待に変え、3歳児も憧れて来年を期待するようになっています。

　5歳児が中心となって、企画を立てたり、準備したりするなかで、3、4歳児はお泊りやキャンプの雰囲気を感じ取ります。当日のための具体的な話しあいは大きい子たちが行いますが、小さい子たちもキャンプやお泊りの話を一緒に聞いているということが大事です。バスの中でうたう歌の本やしおりを5歳児が3歳児の分も作ってあげると、3歳児は喜んでそれをずっと見ていたり、キャンプごっこをしたりしています。5歳児さんのために4歳児はカレーライスを作ってキャンプ場で待っていることにしたり、保育園に4、5歳児がいなくてその日は園で一番大きい組になる3歳児も、張り切ってクッキングや、お当番をしたり、梅ジュースの番と生き物の世話をすることを使命にしてお留守番したりします。

　4、5歳児のお泊りやキャンプが終わると、3歳児は土産の宝物をもらって話を聞いたりビデオを見たりして、自分たちも仲間なんだという意識をもちます。また、"自分たちには、あんな険しい山には登れそうにない、年長さんってすごいなー、自分たちも5歳児になったらできるんだ"という憧れや見通しが育ち、ますます来年度に期待をふくらませます。5歳児は小さい子たちから認められ、憧れられる実感を得ます。

かかわりあって遊ぶ

　異年齢で散歩に行くなかで、3歳児も大きい子とスムーズに手をつなげるようになってきます。4、5歳児だけの散歩先では、"だるまさんがころんだ"などのルールのあるあそびを2クラス（部屋）合同でしたり、かいせんどんなどをクラス（部屋）対抗で楽しんだりします。

　2歳児からの異年齢クラスでは、2歳児も6月ごろからお散歩に行き、上の子たちの力も借り、わりとスムーズに行って帰ってくることができます。2歳児から5歳児までみんなで楽しめる、単純な移動あそび（保育者がオオカミになって追いかける）をしたり、どろだんごづくり・色水あそ

び・だんごむし探しなどのあそびが伝承されて行われたりします。

　そのようななかで、大きい子は、今まで自分たちがやってもらってきたように、年下の子のけんかの仲裁をしたり、小さい子も大きい子が泣いたり怒ったりしていると「どうしたの？」と聞いたりするようになります。また、3歳児のしているごっこあそびに5歳児が入れてもらうような場面もみられるようになります。

プールも異年齢で楽しめる

　プールでは、年齢別に入ることも異年齢で入ることもあります。年齢別だと、どうしても同じ年齢の子どもたちに比べて、"できる－できない"という目で保育者も子ども同士も見てしまいがちです。でも、異年齢で入ると、そのことがあまり気にならなくなるようです。

　静かに入るグループ、バチャバチャして入りたいグループに分けたりもします。いつまでも入っていたい子には、次は○歳児さんが来るから出てとせかさなくてもよく、ゆったりと入っていられます。3歳児がいると「キャーキャー」言ってひっくり返る子がいるので盛り上がって、ビー玉探しなどもみんなで楽しめます。また、3歳児だけだと浮き輪を取りあってけんかになったりするのに、4、5歳児がいると浮き輪を持ってあげて3歳児が入るのを手伝ってくれます。このような楽しい雰囲気をつくり出すことが大事です。

　5歳児だけだと技を追求して同じ目標に向かって取り組ませがちですが、異年齢でプールに入ると、自分で「イルカジャンプ」などと命名して泳ぐなど、楽しんで創造的に活動する姿もよくみられます。

　顔付けや水の中にもぐることができない子に"なんとかしてできるようにさせなければ"と肩に力が入ってしまう保育者を子どもも察知して、挑戦しようとしなかったりすることもあるのですが、異年齢でプールに入っていたら、いつのまにかできるようになっていたということもあります。保育者もおおらかに子どもたちを見ることができるし、子どももプレッシャーを感じないで、リラックスして遊べるからでしょう。

　また、水を嫌がっていた5歳児が、4歳児に「教えてもらう」と言ったり、「○○君すごいなー」と言って家でもぐる練習をしたりすることもあるようです。子どもたちは、年齢に関係なく、かっこいい姿に憧れて真似して自分もやってみようと、自分で目標を決めて取り組んだり、できてい

ない子に共感したりしているようです。

③ Ⅲ期（9～12月）の配慮と課題
部屋での異年齢での取り組みが充実し、部屋の結束が強まる

　運動会に向けた異年齢での取り組みのなかで、自分たちで決めたことをやり遂げた自信をもって生活できるようになっていきます。そのように自信がつくと、まわりを見る余裕にもつながり、お互いの気持ちをより考えられるようになってきます。異年齢での取り組みが増え、異年齢の関係をさらに深め、それぞれの年齢の特徴を発揮しながら支えあう姿が生まれてきます。

運動会へ向けて、5歳児が中心になって相談して
　運動会は、見せることをあまり意識せず、日ごろ楽しんでいるあそびをみんなで楽しむことを重視している園もあります。運動会に向けては、同じクラス（部屋）の4歳児がのぼり棒ができるようになったのを見て、自分でも挑戦するようになった5歳児や、自分のクラス（部屋）の5歳児の憧れている子がのぼり棒や跳び箱を練習しているのを応援したい3、4歳児の姿があります。このように、違う年齢の友だちの姿も間近で見ることができる環境が重要です。
　また、綱引きなど、異年齢クラス（部屋）対抗のあそびをすることで、5歳児を中心に作戦をたて、力を合わせたりする体験をし、部屋の団結力が高まっていきます。応援合戦を異年齢で一緒にする園もあります。運動会に向けて、小グループで相談するときに5歳児がグループに1人ずついたほうがよいので、そのようなグループ編成をすることもあります。

異年齢で役割分担をしてのごっこあそび
　お店屋さんごっこ（子ども祭り）に取り組んでいる園も多いようです。Ⅱ期にもそれぞれが思い思いにごっこあそびを繰り広げているのですが、Ⅲ期では3、4、5歳児でごっこあそびをする姿がよく見られるようになります。異年齢の小グループをつくって、グループごとにお店屋さんごっこに組織的に取り組み、全園の行事とするのはこの時期になります。
　お店屋さんは、5歳児が中心にお店を決め、3、4歳はやりたいものに

分かれる場合もあれば、最初に異年齢グループに分かれてグループのなかで何のお店にするか決める場合もあるでしょう。5歳児は話しあいの中心になり、小さい子の意見もていねいに聞いたり代弁したりし、役割分担を決めたりするようになります。小さい子も含めて全員が意見を出しあい、共通の目的を共に実現するような活動にすることが大事です。

3、4、5歳こどもまつり企画会議　5歳児が企画書を持って、みんなの意見を聞いています（たんぽぽ保育園）

製作の過程では、難しいところを大きい子が、簡単なところは小さい子と、分業してすすめているグループもあれば、どの子も1本ずつ剣を作ることにこだわっているグループもありますが、自然と教えあいができていきます。やきそばの"べにしょうが"は、5歳児でなければ切れず、小さい子たちに「すごい」と認められたりします。お店屋さんのやりとりのときには、5歳児は、3歳児がやれそうなことを横にいながら一緒にやったり、うまくサポートしたりしながら楽しみます。

対等に意見が言えるようになる

　3歳児も話しあいで自分なりの意見やアイデアを言えるようになってきますが、とくに4歳児は5歳児に対しても対等に意見を言えるようになってきます。4歳児は周りがよく見えるようになってきただけに、5歳児に対してルールをきちんと守るように主張したり、お店屋さんごっこの相談などを通して、5歳児に要求を突きつける4歳児の姿が見られるようになります。

クリスマス（お楽しみ）会で、だしものに劇をしようと取り組んでいるグループでは、恥ずかしがってる5歳の子に4歳の子が「声が小さいよ」と声をかけていたり、3歳の子がふざけていると「ふざけてるとおもしろくなくなっちゃう」とみんなで注意したり、セリフにつまっていると大きい子がやってみせてくれたり、年齢に関係なく、注意しあったり、教えあったりできるようになっていきます。

ルールを工夫して異年齢で遊ぶ

　運動会の異年齢で力を合わせる種目に取り組むなかで、年齢的な特徴などをお互いに理解していき、ルールのある集団あそびも異年齢で楽しめるようになります。3歳児は遠出の散歩もできるようになり、散歩先での4、5歳児の集団あそび——うずまきじゃんけんや開戦ドン、助け鬼、ころがしドッチ、だるまさんがころんだなどにも参加してくるようになります。しっぽとりでは、3歳児が鬼になって5歳児のしっぽを取るのを楽しんだり、助け鬼では、3歳児は鬼にタッチされてもすぐに5歳児が助けに来てくれるので、安心して参加できたりします。3歳児は、ジャンケンで負けてもよくわからなかったり、氷鬼でタッチされても止まれなかったりしますが、大きい子たちは大目にみたり、楽しく遊べるために柔軟に工夫して考えるようになります。

　このようなあそびを通して、クラス（部屋）ごとに各年齢が入り交じって遊ぶようになり、部屋対抗や合同で遊んだりもします。しっぽとり、ひっこし鬼やフルーツバスケットなども全員で楽しめるようになっていきます。5歳児は、他園と交流して遊ぶこともあります。

④ Ⅳ期（1～3月）の配慮と課題

合同の年齢別の取り組みの内容を充実させ、進級・入学への期待をふくらませる

卒園に向けての5歳児の活動

　5歳児は、卒園に向けての劇の発表やさまざまな取り組みのなかで、さらに力をつけ、同年齢での仲間関係が強くなっていきます。年齢別の活動が多少増えていく時期かもしれません。そのような力が異年齢のなかでも発揮され、あそびや生活を意欲的に進めていくようになります。

　5歳児で話しあって進めていくことが増えてくるので、たんぽぽ保育園

では1月から2月の3週間は部屋も5歳児だけ別にする「お引越し会」をしています。しかし、劇が終わるとまたもとの部屋に戻ります。2月まで3、4、5歳児の異年齢で過ごし、3月は5歳児だけと2、3、4歳児に分かれて過ごす園もあります。年度末にどのような移行のしかたがよいのかは、検討課題です。

5歳児はいままでの自分を振り返って、大きくなった自分を感じ、自信や誇りをもって卒園できるようにすることが大事でしょう。

3、4、5歳児で一緒に過ごす最後の時期

冬のあそびとして、すごろく、ぼうずめくり、はさみ将棋などの伝承あそびを、5歳児は年下の子たちに教えたり自分たちでルールをつくったりしながら、楽しみます。3月には3、4、5歳児全員が集団あそびに入って遊ぶようになります。

3、4、5歳児で過ごす最後の時期には、1年間してきた活動のなかで、楽しかったことやもう1回みんなでやりたいことを出しあい、みんなで楽しみ、思い出をつくっていっている園もあります。3、4歳児は、5歳児との思い出づくりを大事にし、卒園児に向けてプレゼントづくりをしたり、5歳児を送るイベントを3、4歳児で一緒に考えたりし、5歳児は在園児へのプレゼントを共同で制作したりします。

進級を見通した3、4歳児の活動

5歳児だけの取り組みが多くなってくると、3、4歳児で過ごすことも増え、4歳児が少ししっかりしてきます。3、4歳児にも進級に向けての期待が高まってきます。進級したての4月に5歳児がいなくなって自分たちで遊べないという姿を経験した園では、このⅣ期に3、4歳児で集団で一緒に遊ぶ体験をたくさんし、2歳児も3、4歳児と一緒に交流し遊ぶ日を少しずつ入れて部屋や大きい子たちに慣れていくようにしました。

以上の一年間の流れは、これまでの実践からみえてきた姿であり、必ずこのとおりに進むというものではありません。各年齢の課題は年度当初におさえておくのですが、どのような取り組み方をするかは、子どもたちの状況をみながら、考えていきます。また、異年齢ですごすことによって、保育者が予想していなかった子どもの姿も見られ、子ども観や保育計画を

修正していきます。

　たとえば、次のような事例があります。お箸を持つのが苦手な4歳児が、その子の希望により訓練用のお箸（エジソン箸）を家から持ってきて使っていると、3歳児に「かっこいい！」と言われて、本人も恥ずかしがることなく利用していました。それでうまくつまむことができ、本人も満足し、数ヵ月後にはその箸を卒業していきました。年齢別保育だったら、子どもも恥ずかしがるだろうし、保育者も他の子どもと比べて"4歳児なのにまだできない"と、そのことをあまりよく思わなかったかもしれません。しかし、異年齢の部屋では、子どもも保育者も見方が変わり、その子その子に応じた時期や方法があるのだと、そのような子どもの姿も肯定的にとらえることができるようになりました。保育課程におけるお箸の導入や自立の時期も、少し見直されることになるでしょう。

　園では、期ごとや一年の前半・後半で保育の総括をし、次期の保育の指導計画を修正したり、より具体化したり、来年度の指導計画に活かしていけるようにしています。今後、課題となっている点が検討され、さらに実践が発展していくことを願っています。

＜参考文献＞
・荒井洌『新世代の保育をデザインする』筑摩書房　1988年
・白石淑江『スウェーデン　保育から幼児教育へ』かもがわ出版　2009年
・ききょう保育園・諏訪きぬ『ききょう保育園の保育計画（保育課程）』新読書社　2008年
・山本理絵「点検主義にならない保育を」『季刊保育問題研究』No.238（全国保育問題協議会）新読書社　2009年

第9章 年間を見通した取り組みと各年齢の姿

たんぽぽ保育園

はじめに～たんぽぽ保育園の概要

1965年に共同保育所として発足し、1972年30名定員のたんぽぽ保育園として認可されました。その後、1982年に就学時までの保育園として姉妹園こすもす保育園を開所しました。働く保護者の権利と子どもの発達を願い、産休明け保育・障害児保育などを実現してきました。現在も一時保育・夜間保育・障害児のデイサービスなどその時々の要求に応えて保育運営を行っています。

2001年4月、就学までの保育をしてほしいという保護者の長年の夢と「生活を共にする異年齢の保育」をしたいという保育者の願いが実現しました（定員75名）。

① 年齢別保育をしてくるなかで感じた困難さ

（1）みんなで食べるってどういうこと

姉妹園・こすもす保育園での5歳児クラスの体験です。集団づくりの手だてに苦労することが多くなりました。たとえば、昼食時、グループで食べることになっているのですが、遊んでいてなかなかそろいません。呼びに行くと、けんかになるのです。なぜ来ないのか、どうして呼びに来たのか、どうすればいいのか考えてほしいとグループ活動をしているのですが、そうはなりません。食事をみんなで食べるということをどう思っているんだろうと思いました。

そこで、そろって食べるという価値観を自分たちで考え作り出してほしいと、あえて一人食べをしました。食べたい子から食べ、その矛盾に気づかせました。1週間ほどして話しあいをしました。一人食べだと、おかわりが無くなるとか、いつまでも片づけられず寝る時間がなくなるとか、子どもたち自身で矛盾に気がつき始め、「きょうは遅くなったから散歩食べ（座ったらすぐ食べる）にしよう」とか「誕生日だからパーティ食べ（全員そろっていただきますをする）にしよう」とか生活を楽しんでいきました。初めて出会った子どもたちと、ルールや約束はみんなで決めていいんだよ、みんなで決めると楽しいんだよ、ということを伝え、手応えを感じた取り組みでした。

（2）1歳児と散歩に行ってみて

そんなある日のこと、1歳児クラスで疲れていてかみつきを頻繁に起こす子どもがいました。「お兄ちゃんたち（5歳）と一緒にお散歩行く？」と誘うと「行く」と言います。そこで

お部屋で遊びたい子は１歳児クラスと一緒にお部屋あそび。お散歩組はその１歳児と一緒です。５歳児にとって「部屋で遊ぶ」「散歩行く」と自分で決めることもうれしそうでした。

そうして、散歩。歩き出してみると歩調は違うし、どうなるのかなと心配でした。しかし、よく見ると、クラスでは目立つことはない子が１歳児の手を引いてゆっくり歩いてくれるのです。立ち止まると歩けるように励まし、かいがいしく面倒をみてくれます。保育者はびっくり。しかし、同じクラスの子どもたちにもこの出来事は印象的だったようで、がぜん注目されたその子は、小さい子にやさしい子と評価がつくようになりました。

違う環境や関係のなかでは、いつもと違う自分を発見できる、そのことを集団としても認めあうことができます。多様な関係をつくっていくことで子どもたちは変わっていくのではないかと思いました。同年齢だけではない関係がつくれる保育形態があるといいなと思いました。

（3）全職員で子どものやりたいことを実現させる

幼児は一人担任です。一人ひとりのやりたい活動を保障したり、学年を超えたかかわりをつくりたいと思っても、どう実現させたらよいか悩んでいました。５歳児を送り出す卒園式で騒ぎ、式を台なしにした４歳児と言われていて課題も多い子どもたちでしたが、裏を返せば一人ひとりがやりたいことがあるのかもしれないと思いました。

たとえば、散歩に誘ってもなかなか来ない子がいました。小さなフィギュアで遊ぶのが大好きで、登園の遅いその子はそれで遊びたいので散歩に誘われるのが嫌だったのです。「わかった、じゃ今日は遊んでいていいよ、約束は部屋で遊ぶこと。困ったことがあったら給食室の○○さんに言ってね」と留守番をさせることにしました。「『何も困ってることないから』と言いに来たよ」と給食室から聞き、いちいち報告しないでもいいのにねと笑いあいました。

そんなことを何度か繰り返すうちに、言えば叶うこともあるという安心感からか、みんなとの活動にも参加してくるようになりました。子どもたちの要求を叶えるには、担当、クラスだけでなく、給食室・事務室、そして、他のクラスにもお世話になりました。しかし、そうするなかで、その子どもの姿を語りあうことができました。私たちはえてして子どもの問題を一人で抱え込み、自分の保育が原因ではないかと思うことがありますが、具体的に子どもとかかわる人が増えるといいなと思いました。

以上３つの事例をあげましたが、私たちはこうした子どもの姿から、お互いがほんとうに分かりあう関係は、安心して自分を出しあえる日々の生活にこそあるのではないか、人とのかかわりを学んでいく時期だからこそ、同学年だけでなく、いろんな要求を持つ学年の幅がある暮らしのなかで、違う自分が発見できるのではないかと思いました。

みんなでその子を見守るという保育形態はどういう形でつくればいいのかと思っていました。

② 異年齢保育スタート

(1) ひとつの保育形態として

そうしたとき、私は姉妹園のたんぽぽ保育園に転勤しました。そこでは就学までの保育の要求が高まっていました。保護者の熱い思いで乳児保育園から5歳児までの保育園になることが決定され、どんな保育づくりをしようかと議論されていました。3、4、5歳児併せて40名前後になる予定です。人とのかかわりを豊かに育てるには多様な関係をつくってあげることが大事と考え始めていた私たちは、異年齢保育の学習を始めました。

職員会では、『季刊保育問題研究』190号の「異年齢保育実践の課題と『保育計画』づくり（宮里六郎氏）」をテキストにして学習会を行いました。また、異年齢保育をしている園に合同職員会を申し入れ、実際の悩みや取り組みを聞きました。

そんななかで目指す保育の形がおぼろげながら見えてきて、「子どもたちの発達を保障する異年齢保育をしよう」、「年齢別にクラス編成する条件がないから異年齢にするのではない、理念的異年齢保育を目指そう」と話しあい、「お姉ちゃんだからお兄ちゃんだからというのではない、多様な関係を切りひらく、生活をともにする異年齢保育」に取り組むことにしました。

(2) 保護者の不安

初めて異年齢保育を提案したとき（2000年）の保護者の反応は、新しい保育形態にイメージが持てないため、とまどいが大きかったようでした。保護者のなかの不安で一番多かったのは各年齢に求められる力はつくのかというものでした。

保育者のなかにも同じような不安はありました。そこで、実際やっている保育園などを見学しました。リズムの時間5歳児がいると苦手なことはやらない4歳児の姿などがこすもす保育園では見受けられたのに、5歳児の前でも堂々とリズムをしたり、へびじゃんけんを4、5歳児が互角にたたかい楽しんでいる姿を目のあたりにしました。異年齢でものびのびとした4歳児や3歳児の姿を見て、少しずつやってみようかなという雰囲気がつくれました。そこで、保護者にも保育園見学に参加してもらったり、全園懇談会を持ち、こんな保育をしたいと、保育計画を提案したりしてきました。

そうして、実際体験してみようと、異年齢保育を一週間試行してみました。そのなかで、混乱もなく、子どもたちの楽しそうな姿を見ることができました。保育者たちは「これはやれるかもしれない」という手応えを感じることもできました。

まだまだ保護者の漠然とした不安を完全には消し去ることはできませんでしたが、最後は「保育者がそこまで言うのなら」とゴーサインをもらって出発しました。

始めるにあたっては、以下の4つの願いを確認しあいました。
＊どの子にとっても家庭的で気持ちのいい落ち着いた生活の保障。
＊どの子にとっても居心地のよい集団と豊かな人間関係の保障。
＊どの子もじっくり遊べ、そのための技を身につけることの保障。
＊みんなが気心が知れ、みんなで子どもたちを育てていく、たんぽぽ保育園の良さを発展させていこう。

こうして、2001年から生活を共にする異年齢保育を実施しました。

（3） うみとやまのお部屋に分かれて

3、4、5歳児の子どもたちをそれぞれ2部屋に分けて保育しています。①男女比を同じにする。②月齢が均等になるように分ける。③きょうだいは同じにする、とメンバー決めのルールを決め、1部屋20人前後で暮らします。

3歳児はさといも組、4歳児はじゃがいも組、5歳児はさつまいも組とクラス名を決めました。大地にしっかり根を生やして育ってほしいという願いを込めました。ちなみに、こすもす保育園はにんじん（3歳児）、だいこん（4歳児）、かぶら組（5歳児）です。

開所時間は朝7時から夜12時までですが、朝7時から8時までは全園合同、8時から夜7時まではクラス保育、その後夜間保育（補食と夕食組に分かれる）になります。クラス保育の時間帯は、8時番と10時番の保育者が各部屋におり、夕方4時までは、うみ・やまで4人体制です。4時から6時はうみ・やまで3人体制、6時からは2人体制となります（障害児がいる場合はこれに加配されます）。

子どもと保育者の一日の暮らし（基本）

8:00	クラス保育開始：うみ・やま担任出勤
9:15	朝の会準備
10:00	散歩等午前の活動開始
11:30	昼食
12:30	午睡準備
14:30	おやつ前まったりタイム
15:30	おやつ
16:00	午後の活動（3歳児は基本部屋　火曜日：4歳児合同の取り組み　木曜日：5歳児合同の取り組み）
17:45	各部屋に戻る
18:30～45	うみはやまへ移動
19:00	補食はひよこ：夕食はほしへ移動

うみ担任：正規職員、臨時職員
やま担任：正規職員、臨時職員、
　　　　　パート職員（9:30～12:30）
16:00～19:00：パート職員

（4） 生活は異年齢で課業は年齢別で

人とのかかわりを豊かにふくらませるには、日常のささいな出来事の体験が大切だと、生活は異年齢の部屋で暮らす保育づくりを考えました。同年齢で遊んだほうが共感などが広がるあそびや課業は年齢別に取り組み、発達を保障していこうと考えました。"生活は異年齢で、課業は年齢別で"を基本に取り組みました。しか

し、9年たった現在、わらべうた課業は年齢別で取り組んでも活動が広がることを実践のなかで体感しています。5歳児リズムたたきをカスタネットで、4歳児拍たたき（ハートたたきといっている）をスズで、3歳は手で拍たたきで同時に取り組み、一緒に食事をしたりしています。ネコとネズミなどは役交替が難しいかなと思い、5歳児のみの課業としていましたが、見ているうちにルールがわかったようで、4歳児も参加しています。

見ているとやりたくなる3歳児もいて、参加できるくふうをするなかで、3歳児の力にびっくりしたりしています。しかし、"学年の誇り"を伝えることは大事だと、竹馬など4歳児が自分で遊ぶことはかまいませんが、保育者が手を貸して乗せることはありません。異年齢のなかでの課業の取り組み方もこの基本から広げ、今後深めていきたい内容です。

以下、一年間の異年齢保育の流れを4期に分けて紹介します。一年間の行事を軸にお部屋と年齢別の取り組みを作っています。（年間計画表P166〜参照）

③ Ⅰ期（4・5月）「一緒だけど別！」の楽しい取り組みを大切に

新しい生活への期待と不安が入り交じったⅠ期。3歳児は大きい子への憧れと怖さが混在します。そこでゆっくり慣れることを基本にします。食事などのテーブル分けも3歳児だけのグループで食べます。しかし、朝夕はそれまで暮らした乳児の部屋になかった遊具で大きい子と一緒に遊びます。自分で作るアイロンビーズもうれしいけど自分では作れない、お姉さんにハートのアイロンビーズを作ってもらうのを待っていたりします。

4歳児は「真ん中時代に突入」です。月齢の低かった子が突然「お兄ちゃんがやってあげようか」と3歳児の面倒をみたりします。かと思えば、月齢の高い4歳児は憧れだった5歳児から離れて自分たちだけで遊び始めたりします。小さい子へ関心が向き、新しい関係を結ぶ4歳児です。

5歳児は、年長になったことを自覚します。しかし、普通に誘った4歳児に「いつも一緒に遊ぶのはいや」とか言われてショックを受けたり、逆に一番大きいのはオレたちなんだと羽目を外したりします。

（1）一人ひとりがより見える異年齢の生活

4月、生活のルールを確認し、生活に見通しがもてるように配慮します。使用するトイレットペーパーの長さを確認したとき、説明を終わり次の話をしようとすると、4歳児が「これどうする？」と聞きます。一人ずつに渡した紙の処理を聞いているのです。みると5歳児はきれいにたたんで置いてあります。3歳児はいろんな所にそのまま置いてあります。4歳児はどうしようかなと困っています。

改めて3歳児には具体的によりていねいに、4歳児には共に考えあうことを、5歳児にはそ

Chapter ❾ 年間を見通した取り組みと各年齢の姿

たんぽぽ保育園2階

虹の部屋
（リズム・ドッジボールなど楽しむ
朝は乳児・夕方は幼児が使うことが多い）

ウッドデッキ：ここから3階園庭にあがることが出来る。

＊花いちもんめや高鬼を朝夕する

トイレ

うみの部屋
ままごとコーナー

ミニカーなどで遊ぶコーナー
ままごと　絵本
靴箱

やまの部屋

レゴコーナー
手洗いコーナー
お茶セット

テーブル

階段

2歳児室　ドアがついていて自由に行き来出来る

かぜの部屋
井型ブロック：プラレール
＊乳児さんとの交流の場

[ ] タンス：子どもたちが自由にとれる折り紙・ぬり絵・粘土などの教材が入れてある

☆食事はやまは1階そらの部屋（給食室前の食堂兼描画等制作コーナー）うみは部屋で食べる。
☆昼寝はやまはへやうみは虹の部屋で寝る。
☆基本はどの部屋に行っても遊んで良い。しかし、朝9時半〜朝の会
　夕方5時45分にはお部屋に戻る約束がある。

れを伝える力をつけることが大事なんだなと気づかされます。

また、食事の配膳時ふと気づくとカウンターの前に一列に並ばずに群がっているのは3歳児です。4、5歳児はきれいに並んで順番を待っています。そんななかで、3歳児に混じって群がっている4歳児の姿が。周りの状況が見えないようです。その子が4歳児の取り組みのなかで浮いてしまう理由が見えるようでした。改めてその子への働きかけをていねいにしなければならないことに気づかされます。

同じ場面で、3学年の違いを具体的に見ることができます。子どもの反応の違いから出発することで発達の違いも学びやすく、保育者にも力量がつくと思っています。

（2）空っぽの弁当箱

異年齢の生活にゆっくり慣れていこうと、進級イベントとして「一緒だけれど」「活動は別」という取り組みをします。お弁当をもっての散歩です。その日の朝は全員空っぽの弁当箱を持って登園します。3歳児はその弁当箱を4、5歳児に渡して先に出かけます。4、5歳児は給食室に作ってもらったおかずと、自分たちで作ったラップおにぎりをつめます。もちろん3歳児から預かったお弁当箱にも。2つのお弁当が偏らないように静かに持っていくのも意外と大変です。公園の入口に着くと、3歳児が「ありがとー」と歓声と同時に迎えます。3歳児はおなかの満腹とともに4、5歳児への憧れを実感します。こうして、ちょっと乱暴なもの言いの

お兄ちゃんもやさしい……という思いが培われていきます。4、5歳児はお礼を言われちょっぴり大きくなったことを自覚します。

（3）憧れられ力をつけていく5歳児

異年齢保育1年目の年。年長ということもあるのか、4月には肩に力が入っていたはなちゃん。他の子が朝の会に遅れたりすると、すごい勢いで怒ります。責任感の表れですが、そんな姿が男子には気にいりません。ままごと・ごっこが大好きなはなちゃんに、ちょっかいをかけて笑ったり、着飾った姿をちゃかしたり。それでまたはなちゃんは「私がかわいくないから、私ばかりに意地悪をする」とひどく落ち込んだりしました。すごい勢いで怒っていた姿はどこへやら、しょんぼり状態が続きます。

女の子は、あそびのリーダーとしてはなちゃんに一目置いています。しかし、はなちゃんは自信なさげ。○○は絵が上手で、自分は下手だと絵を描かなかったりすることもありました。はなちゃんに楽しく遊んでほしい、嫌なときは我慢しないで嫌と言ってほしい、他の友だちを善悪で評価しないで、一緒に考えあってほしいと思いました。

・はなちゃん発信ティッシュフィギュア

そこでまずは、楽しく遊んでほしいと思いました。当面は、男子にちゃかされないですむように、囲いを作り、すぐには男子に見えないような場所にままごとコーナーを作ってみました。はなちゃんはそのなかで、おじいちゃんに教えてもらったというティッシュでウサギや人

うみ・やまのめざす年齢ごとの子ども像（保育課程より）

さといもぐみ（3歳児）

1：身体動かすことが好きで巧みに使おうとする子ども
2：何でもやりたがり、大人の励ましと援助の中できちんとやれる力を持つ子ども
3：自分のつもりや思いを保育者に語れる子ども
4：「なぜ」「どうして」と興味関心をもつ子ども
5：ごっこが大好きで子どもたちの気持ちに気づくことができる子ども

じゃがいもぐみ（4歳児）

1：バランスよくしなやかな身体をもつ子ども
2：より上手に綺麗にやろうとし、生活に積極的に関わろうとする子ども
3：自分のできることに自信を持ち思いを語ろうとする子ども
4：何事にも興味や関心を持ち「どうして？」と自分で考えていく子ども
5：みんなで遊ぶことが楽しいと感じ力を合わせることができる子ども

さつまいもぐみ（5歳児）

1：状況に合わせて、自分の身体をコントロールできる子ども
2：生活能力を身につけ、自分で生活を切り盛りし、決めたことを守ることができる子ども
3：仲間の中で自分を見つめ、仲間を理解し共に育ちあう子ども
4：こうしたらどうなるだろうと予測を立て興味や関心を広げることができる子ども
5：仲間と一緒に考え、決め、みんなでやり遂げることができる子ども

保育の中で大切にしたいこと

「つよくかしこく心豊かな子どもに」たんぽぽ子ども像
「人間大好き、友だち大好き、そして何よりも自分が好き」たんぽぽ集団観を目指して

○**子どもたちが主人公の生活を作ります。**
　一人ひとりが居心地のいい空間・環境を作ります。みんなで楽しく暮らすため、生活のルールや約束は必要だと子ども自身が気づき、納得できるよう「子どもの分かり方を」大切に毎日の生活を作ります。

○**一人ひとりのやりたいことを保障し遊びを作ります。**
　仲間で遊ぶこと、一人で遊び込むことの楽しさを伝えます。そのために、遊びの種類と技を豊かに伝えます。

○**豊かな人との関わりを作ります。**
　異年齢保育の中で憧れ・憧れられる関係・認め合う関係。甘え・甘えられる関係、頼り・頼りにされる関係。要求され鍛えられる関係など体験を通して人間関係を作っていきます。一方向でなく、3歳だってかっこいい、負けたけど頑張ったなど生活の中での人間としての価値を生活や遊びの中で作ります。

○**一人ひとりの発達を丁寧に見ていきます。**
　年齢で取り組んだり、異年齢で取り組んだり、少人数で取り組んだり、取り組み方の工夫をしていきます。

○**子どもたちの話しをいっぱいしながら、子どもたちの良さに気づき、みんなで子どもたちを見守り、子育てをしていきましょう。**

年間指導計画（2010年度）

			Ⅰ期（4・5月）	Ⅱ期（6・7・8月）
目標			ゆっくりと異年齢に慣れていく ・入園、進級で大きくなったことを喜び、楽しい取り組みを通じて、部屋の友だちと知り合う	年齢ごとのかかわりを広げていく ・毎日のあそびさんぽ、プールあそびを通して友だちのかかわりを広げる ・キャンプを通して大きくなった喜びを感じる
子どもの姿と配慮	3歳		新しい生活への期待と不安があるが「大きい子と一緒」をうれしく感じる	保育者を支えにしながら、大きい子たちの姿に「やりたい」という思いが育つ
	4歳		小さい子への関心がわいて、大きくなった喜びを感じる 環境の変化に揺れをあらわしたりする	楽しい活動を通して友だちとのかかわりが広がる 周りが見え、苦手意識も芽生え、一歩引く姿も出てくる
	5歳		小さい子に慕われることで、5歳の自覚を持つ。しかし、はりきりすぎて厳しい指導をしたりする	キャンプ、プールを通して年長児の自覚が出てくる ちょっと苦手なことも友だちを支えに乗り越えられるようになる
			・ひとりひとり受け止めながら、保育者との信頼関係づくりを大切にする ・一人ひとりの好きなこと、苦手なことを知っていく ・楽しく生活するために簡単な生活のルールを子どもと一緒につくっていく ・部屋で一緒に暮らしている実感が持てる取り組みをする	・取り組みの中で楽しいことを実現し、一人ひとりに楽しかった思いを作る。3歳児がさんぽ、プールなどを通して、部屋の友だちとの関係がより広がるようにしていく。キャンプの留守番をまかされることで、ちょっとしたほこりと部屋の仲間を感じられるようにする。
行事			・誕生会（個人別）・進級式（4/1）・入園式（4/5）・遠足（5/20）・大きくなったことを楽しむクッキング	・誕生会（個人別）・プール開き（7/1）・プラネタリウム（7/6）・キャンプ（8/4・5）・一年生招待（8/24）・カッパ祭り（8/31）・伝授式（6月）
集団づくり	魅力的な活動		新しい仲間、保育者との出会いを楽しみにする	大きくなったことを具体的に感じていく
	生活のルール		・日課の流れを決める	・生活のルール作りを子どもと一緒に考える
	へやとクラス運営	朝の会	・朝の会は9時30分を目安に行う ───── ・今日やることや出欠などを伝える	───────→ ・カレンダーを意識させる
		グループ	・昨年度のグループを引き継ぐ。3歳児は年齢のグループ。 ・散歩の手つなぎ決め	・キャンプグループづくり（相談する） ・4・5歳のグループをつくる
		話す活動・聞く活動	・自己紹介をする ・自分のことを話す	・年齢ごとで話し合いをする ・自分のことを話し、友だちの事を聞く
あそび	あそび		・一人ひとりが好きなあそびを持つ （ブロック・こま、プラ板、塗り絵、プラレール、アイロンビーズ）	・好きなあそびを友だちと一緒に楽しむ （どろんこあそび・泥団子・水あそび・色水あそび・シャボン玉）
	集団あそび		・4・5歳児合同で取り組む （花いちもんめ、初めの一歩、トンボ、タッチ鬼、ころがしドッチ）	・4・5歳児は合同であそぶ （引越し鬼・いろおに・フルーツバスケット）
	ごっこ・劇あそび・劇づくり		数人でごっこあそびを楽しむ	年齢を超えてあそぶ
	散歩		・お部屋ごとの散歩を楽しむ	・散歩の目的をもって行く
	作って食べる		大きくなったことを楽しむクッキング ・ゼリー、ランチクッキング、ポップコーン	グループでのクッキング キャンプに向けての相談して作るクッキング
	懇談会		・保育懇談会 うみ4/21・やま4/22・さといも5/21・発達を考える会（個人面談）	・保育懇談会 うみ6/25 やま6/30・アレルギー懇談会6/18・キャンプ説明会7/21・給食懇談会6/4

Chapter ❾ 年間を見通した取り組みと各年齢の姿

		Ⅲ期（9・10・11・12月）	Ⅳ期（1・2・3月）
目標		部屋の関わりを深める ・運動会・こども祭りなどの取り組みで「部屋」の仲間意識を深める ・やり遂げたことを一人ひとりの自信にする	3・4歳の関わりを深める ・進級・就学への期待をふくらませる ・みんなでやり遂げる喜びを味わう
子どもの姿と配慮	3歳	まだ、自己中心的なところはありながらも相手の気持ちがわかり、2・3人のごっこが広がる。・4・5歳と一緒の活動が出来る	好きな友達が決まってくる。友達や周りが見え始めるがまだ自分中心的。
	4歳	5歳児の姿を憧れとして感じるが、出来ないことも知り引いたり、逆に頑張ったりの相反する場面が増える。5歳児との交流がふえる	大きくなる憧れがます。自分たちでも出来ると、4歳児だけで遊んだりつるむ姿が出てくる
	5歳	運動会・こども祭りなどの取り組みで、「仲間」の支えを実感し、集団の中での自分に気づく。出来た自信で取り組みへの工夫をしたりする	全体を見る力や友達の多面的な姿にも気づく力がついてくる
		新しい仲間関係作りを広げる。3・4・5歳児の関係が運動会やこども祭りで広がってくるが、どうしたらみんなで楽しくできるか、5歳児らしい知恵と力を発揮出来るようにしていく	3・4歳児が中心になった新しい関係作りをする。卒園・進級に向けて、部屋と年齢ごとの取り組みを交差させていく。5歳児は卒園前、自分たちだけで生活する
行事		誕生会（個人別）：敬老会（9/17）：運動会（10/10）芋掘り遠足（10/21部屋）：5歳児交流会（11/未定）こども祭り（やま11/25：うみ12/6）：クリスマス会（12/17）	誕生会（個人別）：餅つき（1/13）豆まき（2/1）遠足（3/10）：たんぽぽ劇場（2/17）：ひな祭り会（3/3）お引っ越し会（3/14～：さつ・じゃがレストラン：お別れ会（3/11）：お泊まり保育（5歳児3/18）卒園式（3/26）
集団づくり	魅力的な活動	一つの目的に向かってつくる。	より楽しくなるにはどうしたらよいか工夫しあう。
	生活のルール	遊びの時「いれて・ぬけた」など生活のルールを子どもと確認	自分たちでルールを作る
	クラス運営 朝の会	・5歳児が司会など運営	・5歳児とともに4歳児も司会をする。
	グループ	力を合わせるグループづくり ・4・5歳児を基本にしたグループに3歳児も入る	大きくなるグループづくり ・3・4歳児を基本にしたグループをつくる
	話す聞く活動	5歳児はグループの意見を聞き出しながら、一つのことを決めていく	人が話しているときは聞くことを3歳児にも要求し、みんなで話し合い、生活をつくる
あそび	あそび	3歳児も一緒に楽しめる遊びをする 高鬼：だるまさんが転んだ	遊びの技を磨く 　あやとり・独楽：ネコとネズミ：
	集団あそび	3歳児も一緒に参加できるルール遊び （花いちもんめのようなもの） ・勝敗のあるあそびを部屋対抗でするが勝敗にあまりこだわらせない遊びにする。（お助けコーナーは大きくつくるなど）	部屋対抗（お助け開戦ドンなど）に勝敗を意識させるあそびにする。（お助けコーナーを小さくするなど）
	劇遊び・劇ごっこ・劇づくり	お話の再現遊びをお部屋で楽しむ お店屋さんごっこ・お母さんごっこおいしゃさんごっこ：戦いごっこなどこどもの遊びを広げる	3：4：5歳児合同で劇づくりに取り組む
散歩		今まで行ったことのない公園など遠出をする 一人ひとりの遊びたいことを伝えあう	自分たちで散歩計画をたてる 何をして遊ぶか相談し合う
作って食べる		食材に関心を持つ 焼き芋：サンマの丸焼き：五平餅	喜んでもらう為に作る さと・じゃがレストラン：豚汁：べっこう飴
懇談会		保育懇談会（やま10/6・11/7　うみ10/5・11/24） ・発達を考える会・給食懇談会（10/28）・アレルギー懇（12/17）	保育懇談会（やま2/2うみ2/9）・さつ懇3/23さと・じゃが懇（2/16）発達を考える会

年間指導計画（2010年度）

		3歳児	4歳児	5歳児
生活	育てたい力	自分のできることを自信につなげて、やろうとする気持ちを育てる	自分のことは自分でし、みんなのことも考えようとする力を育てる	なぜしなければならないか考え、自分のことは自分でし、みんなのためにもしようとする気持ちを育てる
	日課	・生活の見通しをつける（3日カレンダー）	・生活の見通しをつける（1週間カレンダー）	生活の見通しをつける（1ヶ月カレンダー）
	睡眠	・心地よく眠れるような静かな環境を作る（絵本を読む、素話をする） ・24時間の日課を見通し、午睡が長くならないように気をつける（2：30にはカーテンを開ける）	・心地よく眠れるような静かな環境を作る（絵本を読む、素話をする） ・24時間の日課を見通し、午睡が長くならないように気をつける（2：30にはカーテンを開ける） ・布団に入って休息をとる	・心地よく眠れるような静かな環境を作る（絵本を読む、素話をする） ・24時間の日課を見通し、午睡が長くならないように気をつける（2：30にはカーテンを開ける） ・秋以降、午睡のない日もつくる
	食事	・食事のマナー・姿勢などを知らせていく ・自分の食器を片付ける ・食べることを楽しむ	・食べ物の話や作って食べる楽しみを知る	・自分たちで準備して楽しく食べる ・自分の食べられる量がわかる ・食事を配るお手伝いをする
	排泄	・トイレの使い方を教える ・排便の後始末を教える ・生活の区切れにトイレに行く	・トイレを汚さないで使うようにする ・排便（女子は排尿も）の後始末を伝える	・汚れたら自分たちできれいにしようとする ・生活の見通しを持ってトイレに行く ・どんなトイレでも使えるようにする
	着脱	・保育者の援助で自分で脱ぎ着できるようにする ・脱いだ服をたためるように手順を教える	・ボタンのある服も自分で脱ぎ着できるようにする ・衣服の前後、裏表に気づくようにする	・衣服の着脱は自分でできるようにする ・脱いだ服はたたむ
	清潔	・自分できれいにできるように働きかける（鼻、服の汚れなど） ・食前、排泄後の手洗いを習慣にする ・正しい歯の磨き方を教える	・清潔に過ごす習慣（手・足荒い、洗顔、汗、鼻、歯磨きなど）を教えていく	・清潔に過ごす習慣（手・足荒い、洗顔、汗、鼻、歯磨きなど）を教えていく ・公衆衛生に心がけるようにする
	片付け	・自分たちで片付けられるように働きかける	・生活の区切りで片付ける	・掃除や片づけを自分たちでできるように働きかける ・自分のものは自分で管理する
課業	体育	手足を協応させた運動を広げる ・缶ぽっくり	自分の体をコントロールしながら動けるようにする ・天狗下駄	しなやかな全身運動をする ・竹馬
	手指	指先を使った細かい作業をやってみる	獲得してきた技能を自由に使えるようにする	道具を使い物を作り出す
	科学	・四季の変化に触れる ・動物の飼育をする ・数・図形に興味を持つ ・「何だろう」「どうしてだろう」という好奇心を育てる	・自然を観察し、話をする	・分からないことは図鑑で調べてみようとする
	文学	・ストーリー性のあるものを楽しむ ・空想の世界を楽しむ	・絵本の世界を通して自分の経験を広げていく	・ストーリーからイメージを広げる ・長編物語の筋や面白さがわかる
	音楽・わらべ歌	・やさしい役交代あそびを楽しむ	・役交代あそびを楽しむ ・ハートたたきをする ・やさしいリズム合奏をする	・ルールやせりふのあるあそびを楽しむ ・リズムたたきをする
	絵画制作	・楽しかったことを保育者とおしゃべりしながら描く	・楽しかった経験を描く ・自分でつくったものであそぶ	・リズム合奏をする ・友だちとイメージを共有しながら描く ・本物らしさを追求して描く

Chapter ❾ 年間を見通した取り組みと各年齢の姿

		Ⅰ期（4・5月）	Ⅱ期（6・7・8月）	Ⅲ期（9・10・11・12月）	Ⅳ期（1・2・3月）
生活	育てたい力	新しい生活になれさせる	生活の技（技術）を教える	生活の技（技術）を覚えさせる	自分で出来ることに誇りを持ち、時ぬんで決めたことをやり遂げさせる
	日課	日課に余裕を持ち、こどもが納得して取り組めるようにする	言葉がけ・環境作りの工夫でこども自身が自ら関わる	子ども達が自ら生活を作っていく	一日の生活の見通しをもって生活できるようにする
	食事	遊びに区切りをつけて自分で食事に来る	食べられる量を自分で知る	食べる姿勢マナーに気をつける	食材に関心を持ち、苦手な物にも挑戦しようとする
	排泄	トイレの使い方をしる 尿意を感じたらトイレへ行く	排尿後の始末を覚える ズボンは全部脱がない	いろんなトイレ（公園の和式）などになれる	排泄の大切さを学び1日一度排便を意識する
	睡眠	自分でねていく気持ちをつくる	夏の疲れを取るためにも休息する。寝ない子は静かにする	自分で区切りをつけてねる	就学に向けて午睡をなくしていく
	清潔	散歩後の手・足洗い・うがいをする。食後の歯磨き・口ふきをする	汚れたことに気づく	鼻・髪・爪を清潔にする	くしゃみをしたら手で覆うなど周りに迷惑をかけないことを知る
	片付け	午睡からおきたら自分で布団をたたむ	生活の区切りに片付けをみんなでする	落ちているおもちゃなど気づき片付ける	汚れない工夫をする
健康		新しい環境での怪我に気をつける	水分補給・虫さされ対策歯科健診・冷房の効きすぎ注意	衣類調整をする	体調の変化に気づく 外から帰ったらうがいをする 部屋の換気をする
課業	体育	全身を使って遊ぶ	新しい教材に出会う プール 竹馬：天狗ゲタ：かんぽっくりにであう	技を磨く 竹馬・天狗ゲタ：缶ポックリを全員クリアし、技を磨く	新しい課題に挑戦する 前回り：逆上がり
	手指	月に1コの製作に取り組む	はさみ：ノリ：絵の具などへの出会い	こども祭りへ向けて、いろんな素材に出会い使いこなす	引き継ぎたい伝承遊びを伝え会う（コマ：指編み）
	科学	春の自然を楽しむ	夏の自然：虫との出会いを作る	秋の自然：植物への関心を広げる	冬の自然：感じる力（冷たい：温かいなどに気付く）
	文学	空想やストーリーを楽しむ	絵本の世界を等して自分の経験を広げる	人間の温かさ生き方を学ぶ	ストーリーからイメージを広げる
	音楽・わらべ歌	部屋で取り組む	部屋で取り組みながら、年齢の課題が見える取り組みをする	年齢の取り組みをしながら一緒に一つのものをつくる	キレイに唄う5歳児に気付く
	制作 絵画	楽しかったこと絵を保育者とおしゃべりしながら描く	みんなで作ることの楽しさをする	生活の体験を表現しようとする	空想の世界などイメージしたものを表現する

形を作ってゆっくり遊ぶようになりました。ティッシュを丸めたりちぎったりして、セロテープでとめ、色を付けて作るティッシュフィギュアが他の子にも広がってきました。小さい子からウサギ人形作ってと注文が入るとうれしそうでした。

・憧れを形に

そこで、6月には、そのティッシュフィギアを作ってお店屋さんごっこをすることにしました。ティッシュでおにぎりやハンバーグを作ってくれるはなちゃんの人気はうなぎのぼり。3、4歳児にとってはだめなことはだめとストレートにものを言うはなちゃんはちょっと怖い存在でしたが、上手に作ってもらった人形をもらうことで、小さい子の憧れの存在になりました。

はなちゃんにティッシュで作ってもらったウサギを大事に引き出しにしまう3歳児を見て、「作るの大変」と言いながらうれしそうなはなちゃんでした。

④ **Ⅱ期（6・7・8月）お部屋の取り組みを基本に年齢を意識する**

生活も安定してきます。大きい子とのかかわりも増えますが、トラブルも起きます。今まで手をつながれていた3歳児が、5歳児とつなぐのは嫌と言ったり、オモチャを貸してくれないと泣いたりします。

否定的な場面ですが、小さい子が力をつけてきたのだととらえ、お部屋の取り組みをより楽しいものにすることと同時に、年齢別の活動も意識します。

（1）各年齢の誇りを育てるキャンプ

8月はキャンプです。昨年経験している5歳児が中心となりバスの中やキャンプ・ファイヤーなどの企画を立てます。初めて行く4歳児は昨年から楽しみにしていたので、仲間に入れてもらえる喜びでいっぱいです。3歳児はお留守番。異年齢保育1年目、ついて行きたいと大泣きの子もいました。そこで、一緒に楽しめるデイ・キャンプや、おみやげを楽しみにする取り組みをし、"来年は一緒に行くぞ"という期待をもてるようにしています。

キャンプ当日。4歳児は川あそびを満喫します。5歳児はちょっと頑張る羽鳥峰登山に挑戦。4歳児は見送り地点に着くまでに「まだー？」と音を上げてしまう子もいます。その先を登るというのですから、すごさが実感できます。昼寝をして夕飯を作り終えたころ5歳児が戻ってきます。おしりは汚れ、汗だらけの姿に4歳児はびっくり。憧れが増します。

帰ってからキャンプのビデオを3歳児も一緒に見ます。食い入るように見る3歳児に、羽鳥峰のここらにヘビがいて、シカはここらにいたと、話はもりあがります。「オレたちはいないけれども、今度はおまえたち行けるぞ」と5歳児が3歳児に伝えるそのことばに5歳児の誇りを感じます。おみやげの川の石を大事に家に持って帰る3歳児の姿には、来年のキャンプへの期待を感じます。

（2）伝授式

　伝統となっている、年齢ごとの「体育用具」伝授式を行います。3歳児は「缶ぽっくり」、4歳児は「天狗下駄」、5歳児は「竹馬」とそれぞれの伝授式を行い、各年齢大きくなったことを実感させています。

　4歳児の天狗下駄を「かして」といって5歳児がはき、それでスキップ。まだ乗れない4歳児はますます天狗下駄に憧れます。昨年やっと乗れた天狗下駄に5歳児がもう一度挑戦すると、けんけんや手なし乗り（足に結んで乗る）など技が広がっています。異年齢保育では、同じ教材をもう一度復習できて、力をつけることができます。

　平行して、プールの取り組みもあります。年齢別で取り組んだ年より、部屋で取り組みだしてから「顔付けいつできるようになったの？」と保育者も驚く技術習得です。個人差のあるプールだからこそ楽しさのなかから挑戦心が芽生えていくのかなと思っています。

5　Ⅲ期（9・10・11・12月）異年齢の取り組みが充実しお部屋の団結が深まる

（1）運動会は「綱引き」

　運動会は3歳児は缶ぽっくり、4歳児は天狗下駄、5歳児は竹馬とそれぞれ学年（通称：芋別）で取り組む課題もありますが、異年齢の取り組みとして綱引きが伝統になっています。異年齢の力を合わせる取り組みとしては何がいいのだろうと頭を悩ましますが、勝ったらバンザイ負けたらションボリの姿が歴然とあらわれる取り組みです。3歳児にとっても網を持ってるか持ってないか、力を合わせたことがわかりやすい取り組みだと思っています。

　「綱引き」はお部屋対抗種目です。毎年、子どもも大人も涙のドラマが生まれます。3歳児をどう仲間に入れるかということが勝敗のポイントです。無理強いをすると入ってくれないし、「みそっかす」も大事ということを、4、5歳児が体験する取り組みです。保育者にも多様な参加のしかたがあることを学ばせてくれる綱引きです。

　綱引きは偶然に勝つのではなく、引き方・メンバー配列など勝敗のコツがあるようで、作戦を立てる楽しみもあります。消防隊の綱引きチームのお父さんに来てもらって力の入れ方など伝授してもらいました。年ごとに引き方は上手になっています。作戦と称して負けた原因探りや勝つための工夫がおもしろくて、毎年新発見があります。メンバーが毎年違うので、勝敗の原因探りが違い、長続きするのかなと思っています。「今日は俺朝ご飯食べなかったから」と言えばその年は「朝ご飯」が勝敗の原因になったり、裸足がいいとか、靴のほうが滑らないとか、力の強い者が前がいいとか、後ろのほうが勝ったとか、体験しながら作戦が考えられます。

　ある年は「上を向いて引け」が合いことばで

した。「上を向いて引っ張るとまぶしくって目つぶるよ」とかわいい3歳のつぶやきもありますが、綱引きは各部屋の合いことばが生まれ「団結」を実感しやすいのかなと思います。

　この綱引きで、3歳児はなくてはならない存在です。勝つと大喜び、負けると大泣きです。綱引きの盛り上げ役です。また、好き嫌いもはっきりしていて参加を誘ってもなかなか入ってこないのも3歳児です。無理矢理連れてきても、参加しないと言ったら来ない3歳児の説得は大変です。4、5歳児はどうしたら3歳児を参加させることができるか工夫する中で、小さい子とのかかわりを学んでいきますが、3歳児も役に立つうれしさを実感していきます。しかしそうなるまでには、一山越えなければなりません。

　この年の作戦は強い人が前にくるというもので、5歳児は作戦表の名簿をもって采配していました。1回戦勝ったら2回戦抜けてしまった子がいました。3歳児が一人抜けると続いて抜け始め、2回戦の参加者は半分くらいになってしまいました。今までは、「じゃ、いいよ」「でも、応援してね」とゆっくり参加を待っていた5歳児ですが、本番は間近だし、やっと作戦表もできたし5歳児も真剣なので、「どうしてやらないの」と詰め寄りはじめます。4歳児は「手が痛くなった」とか「足が痛くなった」とか理由を言います。そんな中「負けるからいやだ」とはるみちゃん。途端に「やってみなけりゃわからんよ」「そんなこと言って入らんかったら負けるよ」「いつもそうやってぬける」と参加メンバーからの非難ごうごう。そうする中で、周りの状況を察知してほとんどの子が参加

しましたが、4歳児はるみちゃんたち3人と3歳児のゆうま君が参加しませんでした。案の定負けました。終わって5歳児のみのりちゃんは大泣きしています。あまりの泣き声に3歳児は遠巻きに見ていました。4歳児のまきちゃんは「ほらね、ちゃんとやらん人がいるからだよ」とはるみちゃんたちをにらんでいます。ちょっと、険悪な場面を感じた5歳児かずま君。「この作戦間違えたかもしれん」と作戦表の名簿を手にしてつぶやいていました。「じゃ、もう一度作戦練り直そうか」と終了しました。参加しなかった子どもは、みのりちゃんの大泣きに何かを感じているようでした。また、4歳児のまきちゃんの参加してほしいという思いはわかるけど、これ以上詰め寄ると、参加しなかった子どもたちは思いを素直に言えなくなるかなと5歳児のかずま君は判断したようでした。異年齢保育をやっていると、このように各年齢の反応の違いに気づくことが多々あります。その違いを子どもたち自身が目の当たりにすることで、具体的なかかわりを学んでいくのだなと思います。

　そうしてまた作戦会議が行われ、負けたのは人数が足りないからだと作戦を練り直しました。「1回だけでいいから」とか「引っ張らなくても、持ってるだけでいいから」とかあの手この手の作戦がはじまります。

　そうして3歳児にも参加するチャンスがやってきました。今までかたくなに参加を拒んでいたゆうま君が参加しました。そして勝利。「ゆうま入ってくれてありがとう！」とゆうま君の手を取ってお礼を言っているのは、負けるから

嫌だと参加しない日もあった4歳児のはるみちゃんでした。最大の祝辞を受け、まんざらでもない表情のゆうま君。そうして勝つとがぜん綱引きが楽しくなり、入ってくるゆうま君。3歳児にとっても自分も仲間の一人と実感し、体験が広がる場面でした。

また、年齢ごとのかけっこでは、3歳児のるか君が思いっきり転ぶ場面がありました。みんなハッと息をのんだとたん、すくっと立ち上がって走り出するか君。5歳児のさきちゃんが「すごいね。るか」とつぶやきましたが、みんなの思いも同じでした。この年は転んでも、泣かずに走るというのが伝統になりました。小さい子だってかっこいいという場面に出会いながら、大きいからかっこいいだけじゃないという人への見方、人間観を体験を通して学ぶように思いました。

(2) 子ども祭りは力を合わせるグループで

運動会で育った力をもとに11月はお店屋さんごっこ（「子ども祭り」）に取り組みます。2部屋がグループ毎にいろいろなお店を出します。ケーキ屋さん・100円ショップ・ゲーム屋さん・お化け屋敷等々です。お部屋で3〜4つの異年齢グループに分かれて5歳児が中心となって、お店決めから制作までグループで行います。1年目は4、5歳児だけでしたが、同じ生活をしている仲間としての実感は一緒に取り組んでこそ伝わるのではないかと3、4、5歳児合同の取り組みにしました。

「力を合わせるグループ」にしようと話して、5歳児が中心になってメンバーを決めていきます。泣く人が出ないように決めようとか、男と女を同じにしようとか、好きな人にしようとか、どんなメンバー選びにするか話しあいます。その年度の集団づくりの大きな取り組みです。メンバーを決めその後、お店屋さんで何を出店するのか、どういうふうに作るのか相談する中身が盛りだくさんです。商品作りにはいると、途中で投げ出す子どもをどうしたらいいか、なども話しあったりします。

そんなお店屋さんごっこの最初のメンバー決めの話しあいで、5歳児のかずま君は、「誰で

勝利のための作戦は「上を向け」と「綱をわきにはさめ」でした

もイイヨ」と言います。すると「もー、かずまはすぐに誰でもいいって言う」というのは4歳児のさきちゃん。運動会後、めきめきと集団の一員としての自信もつき、5歳児にもちゃんと意見が言えるようになってくる4歳児です。そのことばを聞いてちょっと考えて「○○がいい」と答えるかずま君。5歳児にもなると友だちの気持ちや多様な面が見えてくるから、逆に言いたいことが言えなくなることもあります。また、5歳児同士でお互いの思いを読み取り分かりあう関係のなかで、4歳児の発言はシビアでストレートです。これをきっかけに意見を求められたら何かを言うようになったかずま君でした。4歳児のこんな姿はありがたいと思いました。

お店屋さんごっこ当日は、5歳児が呼び込みをしてしまうと、3歳児が裏方になってやることがわからなくなるのではないかと、接客は3歳児に任せ、5歳児はサポートをするなど工夫してきました。お客さんは全園から来るので商品を百個作らなければと頑張ります。乳児さんにもすごいと思われる、目に見える活動です。

その後、お部屋でも、各年齢入り交じって遊ぶようになり、大きい子が遊んでいる高鬼や、だるまさんがころんだ等のルールあそびに3歳児も参加したりするようになります。ごっこも盛んで、とくに3歳児が○○ちゃんがスキといって、大きい子に、いつもくっついて遊ぶようになったりもしました。

（3）みんなで楽しく遊ぶ工夫

12月には、5歳児が中心になってあそびを考えていくということができていきます。異年齢保育1年目には、お正月を前にして、カルタやすごろくのあそびが広がっていき、はなちゃんが人間双六を作ろうと提案し、5歳児が中心になって、B紙9枚貼りあわせた人間双六を作ってくれました。ここで歌をうたうとか、3回まわるなど楽しい双六でした。3歳児もできあがりを心待ちにしていました。完成してみんなで遊んだ日、なんと双六で1番上がりは3歳児。はなちゃんは8回もスタートへ戻る羽目になりました。「ウンがついてないなーせっかくお守り持ってきたのに」とぽつり。昨晩は勝つためにどうしたらいいかいっぱい考えてお守りを持ってきたそうです。今までだと、そこまでして負けたら悔しがって抜けるか、ルール通りにやっていないとか小さい子に一言詰め寄るはなちゃんだと思っていたのに、この反応にびっくりの保育者でした。

はなちゃんも、3歳児や4歳児が自分たちが作った双六で楽しそうに遊んでいる姿を見て、やさしい気持ちになれたのではないかなと思いました。

憧れられることが、自分を律する力にもなるという、異年齢保育でつく力のようなものを実感した5歳児の姿でした。保護者にとっても保育者にとっても、就学を控えた5歳児に力がつくのかが不安でしたが、1年目の保育のなかの5歳児の姿にコレならだいじょうぶと感じることができました。

5歳児がしきるけど、みんなでつくるこいのぼり　今年もすてきなのができました

⑥ Ⅳ期（1・2・3月）年齢別活動が増えていく

（1）5歳児の劇づくりとお引越し会

　2月の初めにある「たんぽぽ劇場」の取り組みは年齢別の発表会です。3、4歳児は一年間取り組んだわらべ歌やお話の再現に取り組みます。5歳児は自分たちで考えた「劇」発表をします。就学を控えたこの時期、5歳児だけのクラスを作り過ごします。

　4月から異年齢に入る2歳児が3、4歳児と暮らし、5歳児は2歳児のいた部屋に行きます。この部屋の移動をお引っ越し会と呼んでいます。3週間あまりの取り組みですが、2歳児にとっても大きくなったことを期待できるといいと思っています。

　5歳児は「大きくなり、小学1年生になるんだ」ということを、子ども・保育者だけでなく保護者とも確認できる良いチャンスだと思っています。

（2）4歳児に進級の期待を持たせる取り組み

　3月までなかよしだったのに4月になると、4歳児のこうみ君が5歳児のよう君と遊びたくないと訴えたときがありました。理由を聞くとこうみ君が他の子と遊んでいるとよう君が強引に誘いに来て、こうみ君は断れないことがわかりました。3月までは3、4、5歳児が調整しあいながら遊んでいたのに5歳児が卒園してしまって、5歳児新人のよう君にとっても目指す先輩がいなくなりどう振る舞えばいいのかわからなかったのかなと思いました。改めて、5歳児が3、4歳児も仲間に入れるように力を発揮していたのだと感じました。こんな体験のなかから、Ⅳ期は就学を控える5歳児だけでなく、4歳児に進級の期待を持たせる大事な時期だと4歳児の取り組みも工夫し始めました。

　4歳児にとってはⅣ期は自分たちが大きくな

るんだという誇りと、3、4歳児の新しい関係を作る大事な時期だと思います。卒園する5歳児を送るイベントをするために3、4歳児だけの「大きくなるグループ」を作り、レストラン開催の取り組みをしました。クッキングのメニューについては、4歳児は全員一致でハンバーグと決まったのですが、3歳児はウインナーがいいとか餃子がいいとかなかなか譲りません。困り果てた4歳児は、ハンバーグの上にウインナーや餃子の皮をのせて作ればいいと考えだし、3歳児の納得を引き出しました。メニュー名はハンバーグバイキングと決まりました。クッキングは3、4歳児でやり、給食時間の接待は4歳児だけでやりました。

今まで劇ごっこで使ったいろんなドレスや忍者の衣装など好きな衣装で扮装して一列に並んで「いらっしゃいませ」と出迎える4歳児に5歳児もびっくり。テレながらもうれしそうでした。「おかわりはいかがですか」とトレーをもって自分たちは食事もしないで頑張った4歳児です。5歳児には「今日は最高の日だ」「高級レストランみたい」と言ってもらいました。すべての片づけを終えやっと昼食。「大変だったね」と保育者のねぎらいのことばに「ぜんぜん」「だって、おいしいって言ってくれたもん」と最高に誇らしげな4歳児でした。

4歳児は、5歳児のようになりたいと憧れやできない悔しさも体験しますが、ゆっくり体験のなかで人とのかかわりを学んでいってほしいと思います。「上にもなれる下にもなれる4歳児は黄金時代」と保護者が感想を言っていましたが、真ん中時代を肥え太らす体験を大事に働きかけたいと思います。

おわりに　理念的異年齢保育を目指して

　月齢が低く小柄なやすまさ君。集団のなかにも馴染めないようで、一歩引いた存在でした。それが4歳児のとき、自分のことを「おにいちゃん」と呼んで、3歳児にやさしく威厳を振りまいている姿に出会いました。卒園時は劇づくりで重要な役割を果たしました。卒園時保護者から、一人っ子やすまさにとって、兄ちゃんにもなれる異年齢保育を体験し本当によかった、と感想をもらいました。保育者にとっても、成長の見方に幅ができたように思います。

　一人はみんなのために、みんなは一人のためにを合い言葉に「人間大好き・友だち大好き・そして何よりも自分が好き」という集団観が私たちの保育理念です。人とのかかわりを豊かに育てたい。そのためには多様な関係をつくってあげたいと異年齢保育に取り組みました。一人の人間として人格を形成していく子どもたち。一人ひとり所属する場・環境によって、出せるカオが違っています。同年齢・異年齢でいろんな体験をし、多様な関係を結んでいくことで人として豊かに育っていくのではないかと思います。

　3学年のつながりでみられる子どもたちの関係を今後も大事にして「理念的異年齢保育」を探っていきたいと思います。　　　（伊藤 シゲ子）

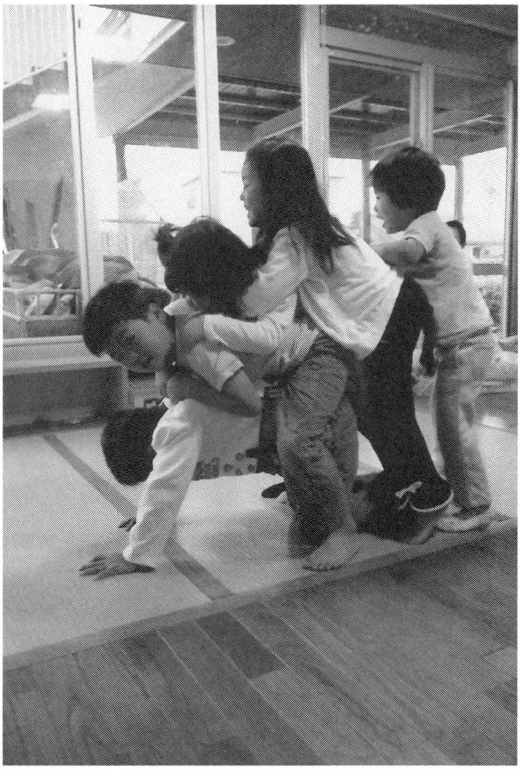

Epilogue おわりに

　本書を企画・編集している最中に、保育所保育指針が改定され、施行されました。保育課程を編成し、指導計画を作成し、保育実践の記録をとり、自己評価していくことが重視されるようになってきました。各地・各園では、この「保育の計画」をめぐってさまざまな議論がなされていることと思います。そのような状況も考慮し、本書に保育課程や指導計画表も掲載していますので、参考にしていただければ幸いです。

　しかし、本書は、異年齢保育の実践と理論の現在での到達点と課題を記したものであり、これが絶対的なものだとは思っていません。掲載した実践の多くは、異年齢保育を始めて5、6年めまでの実践で、試行錯誤しながら保育を探っていますので、年々発展していっている実践としてとらえていただければと思います。実際に原稿の編集中に、子どもたちの活動の形態・方法や時期、保育の捉え方などについて、各園での年度ごとの総括や研究会での議論を経て、変化してきている部分もありました。ですから、計画表や手法だけがひとり歩きすることなく、実践の意図や保育者の思いを読み取っていただけることを願っています。

　異年齢保育を始めて1、2年目の頃は、とくに年度初めに子どもたちが不安定になったり落ち着かなくなったりする傾向もあったようですが、5、6年たつとそのような混乱もほとんどなく、スムーズに新年度を迎え、年少児も物おじせずに年長児たちの中に入って行って一緒に遊びたがるようになっているようです。子どもたちは、小さいときに大きい子からしてもらったことなどを覚えていて、異年齢の心地よい関係が伝承されていっていることを感じます。自分たちが大事にされ、優しくされた体験は、他人に対する優しさを引き出します。

　実践を掲載した保育園は、どちらかというと長時間開園しており、規模がそれほど大きくない保育園が多いのですが、各保育園の設立の経緯、地域の特徴、保育園の規模、職員体制等、さまざまですので、どのやり方がよいと、一概に言えるものではなく、それぞれの園にあった保育方法を探

って、これからも発展していくことでしょう。ただ、共通している傾向としては、年齢別に分かれて活動する時間帯を減らし、異年齢の部屋ですごす時間を増やし、その中でそれぞれの子どもたちの発達にあった課題に取り組むようになってきています。基本となるクラス集団の異年齢の仲間と一緒にいることの安心感や相互の学びあい・認めあい・支えあいに着目して実践しているといえます。

　本書では、基礎集団（クラス）を異年齢編成にしている保育園での保育実践についてまとめましたが、異年齢のクラス編成はしていない保育園における異年齢交流・「たてわり保育」においても、子どもたちの姿や保育の目標などについては通じる部分があるのではないかと思います。異年齢のクラス編成か年齢別クラス編成かや、保育の計画表の形式にとらわれず、保育目標や理念について大いに議論され、共通認識が深められていくことを期待しています。

　最後に、保育実践の掲載にご協力いただいた、きたの保育園、かわらまち夜間保育園、ひまわり保育園、あいかわ保育園、ぽっぽ保育園、たんぽぽ保育園の関係者の皆様、地元でかかわっていらっしゃる保育園の実践を紹介し、コメントを寄せていただいた宮里六郎さん、異年齢保育の議論に参加していただいた保育関係者の皆様、異年齢保育の実践と計画についてまとめる機会を与えていただき、出版にご尽力いただいたひとなる書房の名古屋研一さんに深く感謝申し上げます。

　　　2010年7月

　　　　　　　　　　　　　　　　　　　　　　　　　　編者　山本理絵

■ 執筆者紹介

林　若子（はやし　わかこ）	信州豊南短期大学	1章、3章コメント
山本　理絵（やまもと　りえ）	愛知県立大学	2章、8章、 4章・6章コメント
小山　逸子（こやま　いつこ）	野洲市・きたの保育園	3章
中田真裕美（なかた　まゆみ）	同上	3章
筧　美智子（かけい　みちこ）	名古屋市・かわらまち夜間保育園	4章
西冨ひろみ（にしとみ　ひろみ）	熊本市・ひまわり保育園	5章
玉置　幸司（たまおき　こうじ）	名古屋市・あいかわ保育園	6章
山田　淑枝（やまだ　としえ）	元あいかわ保育園・現みよし保育園	6章
川上　隆子（かわかみ　りゅうこ）	熊本県・菊陽ぽっぽ保育園	7章
伊藤シゲ子（いとう　しげこ）	名古屋市・たんぽぽ保育園	9章
宮里　六郎（みやさとろくろう）	熊本学園大学	5章・7章コメント

装画／おのでらえいこ
装幀／山田道弘
写真／川内松男（p11、p19、p22、p29、p39、p47、p115、p135、p144）
　　　上記以外の写真は本書実践報告園より提供。

異年齢保育の実践と計画

2010年8月9日　初版発行
2016年8月9日　3刷発行

編著者　林　若子
　　　　山本　理絵
発行者　名古屋研一
発行所　㈱ひとなる書房

東京都文京区本郷2－17－13
広和レジデンス
電話03（3811）1372
Fax03（3811）1383
E-mail:hitonaru@alles.or.jp
HP:http://www.mdn.ne.jp/~hitonaru/

©2010　印刷・製本／中央精版印刷株式会社
＊落丁本、乱丁本はお取り替えいたします。お手数ですが上記発行所までご連絡ください。